Gill Hasson
Achtsamkeit

D1695130

Für meinen Vater, der starb, während ich dieses Buch schrieb.
Er wusste stets, dass der gegenwärtige Augenblick das ganze Leben ist.

Gill Hasson

Achtsamkeit

Wie Sie Ihre Gedanken schweigen lassen

Aus dem Englischen
von Nikolas Bertheau

Die englische Originalausgabe »Mindfulness« erschien 2013
bei Capstone Publishing Ltd. (A Wiley Company), John Wiley and Sons Ltd.,
The Atrium, Southern Gate, Chichester, West Sussex, UK.

Bibliografische Information der Deutschen Nationalbibliothek
Die Deutsche Nationalbibliothek verzeichnet diese Publikation
in der Deutschen Nationalbibliografie; detaillierte bibliografische
Daten sind im Internet über http://dnb.d-nb.de abrufbar.

ISBN 978-3-86936-627-2

Lektorat: Sabine Rock, Frankfurt am Main | www.druckreif-rock.de
Umschlag: Stephanie Böhme, Neuwied
Satz und Layout: Das Herstellungsbüro, Hamburg | www.buch-herstellungsbuero.de
Druck und Bindung: Salzland Druck, Staßfurt

© 2015 GABAL Verlag GmbH, Offenbach

Inhalt

Einführung

Vor Kurzem hörte ich eine Krankenschwester über ihre Arbeit mit unheilbar kranken Patienten sprechen. Ein wichtiger Teil ihrer Tätigkeit bestehe darin, den Sterbenden ein Gefühl für das »Jetzt« zu vermitteln; sie versuche, ihnen dabei zu helfen, aus der ihnen verbliebenen Zeit das Beste zu machen, ein sinn- und würdevolles Leben zu führen und ihre eigene Hilfsbedürftigkeit zu akzeptieren. Sie wolle die Patienten dabei unterstützen, sich voll und ganz der Gegenwart zuzuwenden, anstatt sich allzu sehr über die Vergangenheit zu grämen oder sich vor der Zukunft zu fürchten.

Diese Krankenschwester leistet sicherlich eine wichtige und wertvolle Arbeit. Aber als ich ihr zuhörte, drängte sich mir unwillkürlich die Frage auf, warum so viele Menschen warten, bis der Tod vor der Tür steht, bevor sie lernen, das »Jetzt« zu einem wichtigen Teil ihres Lebens zu machen.

Von dem Augenblick an, in dem wir geboren werden, haben wir immer nur das Jetzt. In keinem Augenblick spielt sich das Leben außerhalb des Jetzt ab. Das Leben ist in Wahrheit nichts anderes als dieser gegenwärtige Augenblick! Das Leben entfaltet sich im Jetzt.

Wie George Harrison einmal sagte: »Was zählt, ist das Hier und Jetzt. Vergangenheit und Zukunft existieren nicht ... da ist immer nur das Jetzt. Wir können aus der Vergangenheit lernen, aber wir können sie nicht zu neuem Leben erwecken. Und wir können von der Zukunft träumen, aber wir wissen nicht, ob es sie geben wird.«

Wie können Sie das Beste aus dem »Jetzt« machen? Indem Sie lernen, achtsam zu sein.

Vielleicht denken Sie, um Achtsamkeit zu praktizieren, braucht es die Fähigkeit, den Geist von allem frei zu machen und sich – im Versuch, an einen besseren Ort zu gelangen – in einen anderen Bewusstseinszustand zu versetzen. Aber das stimmt nicht. Achtsamkeit setzt keine komplizierten Meditationsübungen voraus. Sie verlangt von uns *nicht* die Unterdrückung irgendwelcher Gedanken oder Gefühle. Und sie erfordert auch kein jahrelanges Training im Lotussitz in einem fließenden, weißen Gewand an einem traumhaften Strand ...

Wir können Achtsamkeit auf zweierlei Weise praktizieren: als strenge Übung oder im Freestyle.

Achtsamkeit in der strengen Form ist vermutlich besser bekannt unter dem Begriff »Meditation«. Hier befolgen wir bestimmte bewährte Rituale; wir nehmen uns täglich eine gewisse Zeit, in der wir still und ruhig verweilen, uns auf unsere Atmung konzentrieren und bewusst auf Klänge, Sinneswahrnehmungen, Gedanken und Gefühle achten.

Achtsamkeit im Freestyle kennt keine Regeln. Hier achten wir lediglich bewusst auf alles, was uns im Alltag widerfährt, beispielsweise während wir essen, uns zu Fuß oder im Auto fortbewegen oder den Haushalt erledigen. Auch im Umgang mit anderen Menschen, ob im Beruf, zu Hause oder in der Freizeit, hat die Achtsamkeit im Freestyle ihren wichtigen Platz.

Das vorliegende Buch handelt von dieser an keine Regeln gebundenen Form der Achtsamkeit – von Achtsamkeit jenseits der Meditation.

Unser Geist ist in der Lage, sich die Vergangenheit zu vergegenwärtigen und über Erlebtes und Erfahrenes zu reflektieren. Auch über die Zukunft können wir uns Gedanken machen; wir können vorausplanen.

Natürlich kann unser Geist sich den guten Dingen zuwenden; wir können uns an gute Zeiten erinnern und uns auf Zukünftiges freuen. Aber diese Fähigkeit, sich Vergangenes ins Gedächtnis zu rufen oder die Zukunft zu antizipieren, ist nicht immer nur ein Segen.

Allzu häufig rast das Leben nur so an uns vorbei. Dann bleibt uns keine Zeit dafür, das, was *gerade jetzt* geschieht, bewusst wahrzunehmen. Wir sind nur damit beschäftigt, an die Notwendigkeiten von morgen zu denken oder aber an das, was sich gestern ereignet oder nicht ereignet hat. Und die ganze Zeit über spult unser Geist Kommentare und Urteile ab.

Manchmal ist es die Vergangenheit, die uns vollkommen vereinnahmt, wenn wir irgendwelche Geschehnisse immer und immer wieder durchdenken – oder aber wir werden von Zukunftssorgen geplagt.

Warum Achtsamkeit für unser Leben im Hier und Jetzt so wichtig ist

Im Extremfall führt die ständige Sorge um die Zukunft dazu, dass wir Angststörungen entwickeln. Endloses Verweilen in der Vergangenheit macht uns nur allzu leicht depressiv.

Eine Studie[1] belegt, dass die Zahl der unter Depressionen und Angstzuständen leidenden Menschen in England in den letzten 20 Jahren stetig angestiegen ist.

Während 1993 erst 7,5 Prozent der Bevölkerung unter Depressionen und Angstzuständen litten, waren es 2007 bereits 9,7 Prozent. Der Anteil der Menschen mit generalisierten Angststörungen stieg im selben Zeitraum von 4,45 auf 4,7 Prozent an.

Wer sich von der Vergangenheit oder der Zukunft vereinnahmen lässt, hat häufig kein Auge mehr für das Jetzt. Dann geschieht es leicht, dass die Gegenwart unbemerkt an uns vorbeieilt. Wir »verschwenden« unsere Jetztzeit, indem wir ausblenden, was in dem einzigen Augenblick passiert, der wirklich existiert.

---

1 *Adult Psychiatric Morbidity in England. Results of a Household Survey*, The Health & Social Care Information Centre, 2009, Tabelle 2.4, S. 41

Dann denken wir bei der Arbeit immer nur an die bevorstehenden Ferien; und kaum sind wir im Urlaub, treibt uns die Sorge um die Arbeit um, die sich auf unserem Schreibtisch stapelt.

Und was die Situation noch schlimmer macht: Mittlerweile können wir Telefon und Computer sogar mit in den Urlaub nehmen, mit der Folge, dass wir ständig in Gedanken woanders sind. Computer, Smartphone, MP3-Player – die moderne Technologie gibt uns reichlich Mittel an die Hand, um den Kontakt zum Geschehen vor Ort zu verlieren.

Achtsamkeit befähigt uns dazu, unser echtes Leben wahrzunehmen und auszukosten, anstatt das Ganze im Eiltempo zu erleben und uns dabei ständig an andere Orte zu wünschen.

> »Achtsamkeit ist das schlechthin ideale mobile Instrument –
> es steht jederzeit und überall zum Einsatz bereit, ohne sich uns
> aufzudrängen.«
> *Sharon Salzberg*

Achtsamkeit steht für eine Lebensweise, bei der wir häufiger im gegenwärtigen Augenblick verweilen. Sie setzt voraus, dass wir uns seltener mit der Zukunft oder der Vergangenheit beschäftigen und uns stattdessen bewusst der Gegenwart zuwenden. Wir wünschen uns nicht an andere, vermeintlich bessere Orte und möchten auch nicht jemand anderer sein. Wir sind, wer wir sind, und das Leben spielt sich genau hier ab, wo wir uns befinden.

Achtsamkeit bedeutet, im Augenblick und nicht *für* den Augenblick zu leben. Solange wir *für* den Augenblick leben, geschieht dies (scheinbar) ohne potenzielle Folgen. Wir tun etwas, was uns jetzt, in diesem Augenblick, ein gutes Gefühl gibt. Häufig jedoch stellen wir dann überrascht fest, dass es da doch Folgen gibt, für die wir bezahlen müssen.

Sobald wir *im* Augenblick leben, wissen wir, dass dieser Augenblick zum nächsten führt, dass das Leben aus einer Kette miteinander verbundener Augenblicke besteht. Wir treffen – auf der Basis unserer Überzeugungen und Werte – bewusste Entscheidungen und stehen zu unserer Verantwortung.

Über dieses Buch

Dieses Buch besteht aus zwei Teilen. Teil 1 stellt das Konzept der Achtsamkeit vor – wie sie definiert ist und wie wir lernen können, achtsamer zu sein. Wir beginnen mit der Frage »Wie achtsam sind Sie?«, um uns bewusst zu machen, wo wir in verschiedenen Situationen mit unseren Gedanken oft sind.

Im ersten Kapitel erkunden wir die Vorteile der Achtsamkeit – wie Achtsamkeit unser Leben in verschiedenen Bereichen positiv beeinflusst. In Kapitel 2 fragen wir, wie es kommt, dass wir in die Achtlosigkeit abgleiten, anstatt achtsam zu sein. Wir lernen, wie wir unser Denken verändern können. Allein damit, dass wir uns bewusst machen, wo wir mit unseren Gedanken sind, können wir schon Achtsamkeit praktizieren.

Ich werde Sie ermutigen, sich neuen Ideen und Verhaltensweisen gegenüber zu öffnen und Denkweisen, die Ihnen nicht weiterhelfen, durch achtsamere Varianten zu ersetzen.

Wir werden sehen, dass es *tatsächlich* möglich ist, das eigene Denken zu verändern.

Dabei müssen wir jedoch stets berücksichtigen, dass unsere Gedanken mit Emotionen und Gefühlen einhergehen. Gedanken und Gefühle lassen sich schlechterdings nicht voneinander trennen. In Kapitel 3 lernen wir, bewusster auf unsere Gefühle zu achten, denn nur so haben wir die Möglichkeit, uns von hinderlichen Gedanken und Denkmustern zu lösen.

In den ersten drei Kapiteln beschäftigen wir uns ausschließlich mit Gedanken und Gefühlen. In Kapitel 4 wenden wir uns der Achtsamkeit bezogen auf das zu, was wir *tun*. Wie sich zeigen wird, bieten sich Alltagsaktivitäten als die einfachste Möglichkeit an, um sich mit der Praxis der Achtsamkeit vertraut zu machen. Es gibt zahllose Ideen, Tipps und Techniken, wie wir das Konzept der Achtsamkeit auf unseren Alltag übertragen können.

Wir werden lernen, wie wir eine neue Ebene der Aufmerksamkeit erreichen, indem wir unsere Handlungen verlangsamen. In Wahrheit kostet es uns nur wenige Minuten täglich, jene Aktivitäten mit Achtsamkeit auszuführen, die wir für gewöhnlich überstürzt und in Eile absolvieren – Tätigkeiten wie Geschirrabwaschen oder Zähneputzen.

Jede dieser Alltagstätigkeiten stellt eine Gelegenheit dar, Achtsamkeit zu praktizieren. Diese Gelegenheiten erweitern unser Bewusstsein. Und indem wir all diese kleinen Gelegenheiten wahrnehmen und nutzen, entwickeln wir ein tieferes Verständnis dafür, was Achtsamkeit ist und wie sie sich anfühlen kann.

Das ist alles sehr optimistisch und ermutigend, und dieser Tenor hält sich bis zum Schluss von Teil 1. Wir lernen, aktiv nach den guten Dingen im Leben zu suchen.

Was hat das mit Achtsamkeit zu tun?

Schon allein dadurch, dass wir uns darum bemühen, die guten Dinge im Leben – die kleinen Freuden und die Menschen und Dinge, auf die es ankommt – wahrzunehmen, praktizieren wir Achtsamkeit. Wir machen uns bewusst, wie gut wir uns jetzt, in diesem Augenblick, fühlen. Indem wir registrieren, was jetzt gerade gut ist, leben wir in diesem Augenblick.

Nachdem wir erkannt haben, was Achtsamkeit ist und wie sie sich praktizieren lässt, wenden wir uns im zweiten Teil konkreten Situationen zu, in denen die achtsame Herangehensweise eine echte Hilfe sein kann.

Achtsamkeit kann uns dabei helfen, nicht in Gedanken und Verhaltensweisen hineinzuschlittern, die nur allzu leicht Stress, Selbstzweifel, Depressionen und Angstzustände mit sich bringen. Wir werden sehen, wie wir Achtsamkeit im Umgang mit anderen Menschen praktizieren und wie Achtsamkeitstechniken uns in unserer persönlichen Entwicklung unterstützen können.

Dabei werden immer wieder dieselben Prinzipien eine Rolle spielen – Erkennen und Akzeptieren, Konzentration und Engagement, Loslassen und Neuanfang und so weiter. Jedes Mal wenn wir diese Prinzipien anwenden oder wenn wir einer Situation mit Achtsamkeit begegnen, lernen wir, wie wir einen unmittelbareren Zugang zu unserem Leben gewinnen können.

> »Gestern ist vorbei. Morgen ist noch nicht da.
> Uns bleibt nur heute. Lasst uns beginnen.«
> *Mutter Teresa*

Wie achtsam sind Sie?

Wie oft leben Sie achtsam und nehmen jeden Augenblick des Lebens mit vollem Bewusstsein wahr, ohne ihn zu werten und zu beurteilen? Wenn Sie wie die meisten Menschen sind, versuchen Sie häufiger, zwei oder drei Dinge gleichzeitig zu tun. Und vermutlich tun Sie die meisten Dinge automatisch, ohne sich bewusst zu machen, was Sie tun.

Vielleicht haben Sie gerade beschlossen, sich einen Tee zuzubereiten. Während Sie darauf warten, dass das Teewasser kocht, beginnen Sie entweder eine andere Tätigkeit – Sie lesen Zeitung, waschen ab, telefonieren – oder Sie denken möglicherweise an eine Unterhaltung vom Vortag oder schauen in den Kühlschrank auf der Suche nach etwas Geeignetem fürs Abendessen. Sie sind in Gedanken nicht beim Tee – nicht bei dem, was in diesem Augenblick geschieht.

Leicht lassen wir uns von Gedanken und Gefühlen, die etwas mit der Vergangenheit oder der Zukunft zu tun haben, so sehr gefangen nehmen, dass wir jeden Bezug zu dem verlieren, was sich gerade jetzt unmittelbar vor uns abspielt.

Okay – eine nicht in vollem Umfang bewusst erlebte Teezubereitung ist nicht gerade der große Verlust. Und natürlich erlaubt uns die Fähigkeit, an mehr als zwei Dinge gleichzeitig zu denken, bisweilen, vieles rasch und effizient zu erledigen.

Die echten Schwierigkeiten beginnen, sobald Sie sich in Gedanken über die Vergangenheit oder die Zukunft verlieren, die für Sie mit Stress verbunden sind – indem Sie beispielsweise schmerzliche Erlebnisse noch einmal Revue passieren lassen oder sich die Zukunft in den schlimmsten Farben ausmalen. Im Extremfall macht die Unfähigkeit, sich von der Vergangenheit zu lösen, depressiv, während Sorgen um die Zukunft Angstzustände hervorrufen können.

Andererseits kann es natürlich auch sein, dass das, was augenblicklich geschieht, für Sie schmerzhaft ist. In diesem Fall ist das Abschweifen in Vergangenheit oder Zukunft wie eine Verweigerung zu verstehen; Sie entziehen sich schmerzvollen Gefühlen und Situationen, die Sie nicht akzeptieren oder mit denen Sie nur schwer leben können.

All dieses Zurückspulen in die Vergangenheit oder Vorspulen in die Zukunft ist kräftezehrend und nur selten produktiv.

Welche der folgenden Situationen kommen Ihnen bekannt vor?

1. Ich erlebe häufig Gefühle – Schuld, Eifersucht, Verbitterung –, werde mir ihrer aber erst im Nachhinein bewusst.
2. Während ich Routinetätigkeiten erledige – beispielsweise im Supermarkt einkaufe, auf den Bus warte, abwasche oder das Abendessen zubereite –, denke ich meist an etwas anderes.
3. Es fällt mir häufig schwer, mich zu motivieren oder die nötige Willenskraft aufzubringen, um zu tun, was ich mir vorgenommen habe.
4. Ich gehe meistens im Eiltempo auf mein Ziel zu und nehme die Umgebung, durch die mich mein Weg führt, kaum wahr.
5. Mir ist normalerweise gar nicht bewusst, wie körperlich angespannt ich mitunter bin.
6. Ich habe häufig das Gefühl, als würde ich von einer Situation zur nächsten geschleudert. »Haltet die Welt an, damit ich aussteigen kann«, möchte ich dann am liebsten schreien.
7. Meine Gedanken drehen sich häufig um das, was in der nächsten Woche noch alles zu tun ist oder was ich gestern nicht mehr geschafft habe.
8. Innerlich bin ich häufig damit beschäftigt, Ereignisse oder andere Menschen zu kommentieren oder zu bewerten.
9. Ich erledige Jobs und Aufgaben automatisch, ohne mir bewusst zu sein, was ich tue.
10. Mitunter passiert es mir, dass ich jemandem nur mit einem Ohr zuhöre, während ich gleichzeitig mit etwas ganz anderem beschäftigt bin.

11. Ich schalte auf vertrauten Wegen den »Autopiloten« ein und interessiere mich nur dafür, schnellstmöglich ans Ziel zu gelangen.
12. Wenn ich ungeduldig auf ein Ereignis warte, wünsche ich mir manchmal, die Uhren würden schneller gehen.
13. Gelegentlich melden sich in mir Gefühle der Verletztheit aus der Vergangenheit. Es fällt mir schwer, zu verzeihen.
14. Ich neige dazu, anderen, die mir etwas erzählen, ins Wort zu fallen oder aber mit den Gedanken abzuschweifen, anstatt ihnen zuzuhören.
15. Ich habe regelmäßig das Gefühl, in Routinetätigkeiten zu ertrinken.
16. Meine Arbeit ist entweder langweilig oder stressgeladen.
17. Ich finde selten ein Hobby, einen Sport oder einen anderen Zeitvertreib, der mich ganz ausfüllt und den ich voll und ganz genieße.
18. Ich finde häufig keinen Zugang und Anschluss zu anderen Menschen. Das macht mich unglücklich.
19. Ich habe häufig Schuldgefühle. Wenn ich etwas verbockt habe, mache ich mir schwere Vorwürfe. Dann lässt mich der Gedanke an das, was ich besser hätte tun oder unterlassen sollen, nicht los.
20. Mir mangelt es an Zuversicht und Selbstvertrauen.

Je mehr dieser Situationen Ihnen vertraut vorkommen, desto mehr Bereiche Ihres Lebens können von Achtsamkeit profitieren. Lesen Sie weiter!

TEIL 1

Achtsamkeit verstehen

1 Warum achtsam sein?

Achtsamkeit ist keine Geheimwissenschaft. Um achtsam zu sein, genügt es, sich mit allen bewussten Sinnen auf das einzulassen, was gerade geschieht. Das Leben spielt sich im Augenblick ab.

Wenn Sie jemals in einem Kreuzworträtsel oder in einem Brettspiel mit anderen versunken sind, aus voller Seele gesungen oder sich in einem Film, einem Buch, im Briefeschreiben oder in einer anderen Tätigkeit »verloren« haben, dann wissen Sie, wie sich Achtsamkeit anfühlt – wie es ist, wenn man ganz im Augenblick aufgeht.

Kinder können das besonders gut. Beobachten Sie ein Kind beim Spielen: Es denkt nicht an gestern oder daran, was es später am Tag noch tun will. Es konzentriert sich vollkommen auf das, was es gerade malt, herstellt oder zu sein vorgibt. Wenn es wütend ist, schreit und weint es – außer dem Anlass seiner Wut interessiert es in diesem Augenblick nichts. Es macht seinem Unglück Luft, um sich alsbald von selbst zu beruhigen; die Situation, die ihm zu schaffen gemacht hat, ist vorbei und vergessen.

Sind Sie schon mal mit einem kleinen Kind im Kino gewesen? Alles ist neu und aufregend. Die strahlenden Lichter im Foyer, all die vielen Menschen. Die Sitze in den Reihen lassen sich hoch- und runterklappen, die Leinwand ist riesig und die einsetzende Musik laut. Wenn das Kind Angst hat, sucht es Schutz in Ihren Armen, und wenn es etwas Witziges sieht, lacht es aus vollem Hals. Es lebt ganz im Augenblick.

Sogar Katzen machen uns vor, was es heißt, im Augenblick zu leben. Wenn ich unseren Kater Norman beobachte, bin ich mir sicher, dass er nicht über die neue Katzenfuttermarke nachdenkt, die er zum Frühstück hatte, und auch nicht darüber, was es wohl am Abend geben wird. Norman lebt schlicht von einem Augenblick zum nächsten.

Sie können in jedem Augenblick achtsam werden. Beispielsweise genau jetzt. Konzentrieren Sie sich ganz auf das, was gerade passiert. Was hören Sie? Was riechen Sie? Schauen Sie geradeaus: Was sehen Sie vor sich? Was spüren Sie? Was schmecken Sie?

Denken Sie nicht weiter darüber nach – Sie brauchen das, was geschieht, weder gutzuheißen noch abzulehnen. Es braucht Ihnen weder zu gefallen noch zu missfallen. Wichtig ist nur, *dass* Sie es wahrnehmen.

Und wenn es nichts zu hören, sehen, riechen oder schmecken gibt, können Sie immer noch auf Ihren Atem achten: wie die Luft durch Nase oder Mund hereinströmt und Ihre Lungen füllt und wie sie anschließend wieder entweicht.

Finden Sie das alles ziemlich sinnlos? Fragen Sie sich, was Ihnen das bringen soll? Ich will es Ihnen erklären. Die Fähigkeit zu denken, sich Vergangenes ins Gedächtnis zurückzurufen und die Zukunft in Gedanken vorwegzunehmen – zu planen –, gehört zu den Eigenschaften, die uns als Menschen auszeichnen. Abgesehen von dem, was gerade jetzt passiert, können wir über Dinge nachdenken,

- die *eingetreten* oder *nicht eingetreten* sind;
- die schon *vorgekommen* sind;
- die passieren *könnten*;
- die möglicherweise *niemals* eintreten werden.

Aber das Denken ist nicht immer ein reiner Segen. Häufig nehmen uns unsere Gedanken gefangen; sie entführen uns in die Vergangenheit oder in die Zukunft.

Wenn Sie immer und immer wieder über vergangene Erlebnisse grübeln und sie in Gedanken hin und her wälzen, dann leben Sie in der Vergangenheit. Sie sind darin gefangen. Zu anderen Zeiten machen Sie sich vielleicht Sorgen wegen etwas, was noch gar nicht eingetreten ist: Sie lassen sich von der Zukunft gefangen nehmen. Und die ganze Zeit über sind Sie innerlich damit beschäftigt, Situationen zu kommentieren und zu bewerten.

Die Folge davon: Ihnen bleibt keine Zeit, das gegenwärtige Geschehen wahrzunehmen, weil Sie ständig nur an morgen oder nächste Woche denken oder aber an das, was Sie gestern getan oder zu tun versäumt haben.

Selbst wenn nicht viel passiert, so passiert doch zumindest *etwas*. Typischerweise geschieht genau dies: Wir denken über irgendetwas nach. Anstatt das Geschehen schlicht wahrzunehmen, machen wir das, was geschieht – oder nicht geschieht –, zum Gegenstand unseres Denkens. Denken scheint unser Normalzustand zu sein.

Wenn Sie schon einmal versucht haben zu meditieren, wissen Sie, dass unser Geist ein eigenständiges Leben führt. Er denkt und überlegt und fantasiert und plant und antizipiert und sorgt sich und befürwortet und verwirft und erinnert und vergisst und bewertet und reagiert ohne Punkt und Komma.

Eine Studie[2] kam zu dem Ergebnis, dass die Menschen die Hälfte ihrer wachen Stunden über andere Dinge nachdenken als über das, was sie gerade tun, und dass dieses gedankliche Abschweifen sie typischerweise unglücklich macht.

Mithilfe einer iPhone-App sammelten die Psychologen Matthew A. Killingsworth und Daniel T. Gilbert von der Harvard University 250 000 Datenpunkte zu Gedanken, Gefühlen und Handlungen von Menschen in ihrem normalen Alltag.

»Der menschliche Geist ist ständig auf Wanderschaft, und ein unsteter Geist ist ein unzufriedener«, schreiben Killingsworth und Gilbert. »Die Fähigkeit, über Dinge nachzudenken, die sich zu einer anderen Zeit oder an einem anderen Ort abspielen, ist eine kognitive Leistung, die ihren emotionalen Preis hat.«

---

2 M. A. Killingsworth und D. T. Gilbert, »A wandering mind is an unhappy mind«, *Science*, Bd. 330, Nr. 6006, 2010, S. 932

Sie entdeckten, dass wir über alle Tätigkeiten gemittelt während 46,9 Prozent der Zeit nicht »bei der Sache« sind und dass die Rate des gedanklichen Abschweifens bei keiner Tätigkeit weniger als 30 Prozent beträgt, mit einer einzigen Ausnahme: Lediglich dem Sex widmen wir in der Regel unsere ungeteilte Aufmerksamkeit. (Stimmt das? Dafür würde ich meine Hand nicht ins Feuer legen!)

Der Studie zufolge sind die Menschen dann am zufriedensten, wenn sie in Gedanken bei dem sind, was sie tatsächlich gerade tun.

In seinem Buch *The Power of Now* behauptet Eckhart Tolle, der menschliche Geist sei ein wunderbares Instrument, wenn er richtig eingesetzt werde. Andernfalls aber wirke er sich destruktiv aus. »Das Problem ist meist nicht, dass wir ihn auf die falsche Weise gebrauchen – wir gebrauchen ihn gar nicht. Vielmehr gebraucht er uns. Das ist eine Krankheit. Wir setzen uns mit unserem Denken gleich. Darin liegt die Täuschung. Das Instrument hat Besitz von uns ergriffen.«

Gewiss, unsere Gedanken können zu angenehmen Dingen wandern. Wir können uns an gute Zeiten erinnern und uns auf Zukünftiges freuen. Die schweifenden Gedanken werden jedoch zum Problem, sobald wir mit der Vergangenheit hadern oder uns wegen der Zukunft Sorgen machen.

Aber die Vergangenheit ist vergangen und die Zukunft noch nicht da. Zwischen Vergangenheit und Zukunft existiert allein der gegenwärtige Augenblick.

Und wie kann Achtsamkeit da helfen?

Achtsamkeit ist eine Möglichkeit, wie Sie Ihrem Geist etwas Gutes tun können. Ihr Geist denkt den ganzen Tag und träumt in der Nacht. Er ist immer beschäftigt und Sie erwarten, dass er ständig in Aktion ist. Sie können ihn nicht am Denken hindern, aber solange er nicht ein wenig geschont wird, kann er nicht richtig funktionieren.

Achtsamkeit kann Ihnen eine Pause von dem endlosen Geschnatter in Ihrem Kopf verschaffen. Das ist so ähnlich wie mit den kommentierten Sportereignissen im Fernsehen. Dort finden zwei Dinge gleichzeitig statt: das Spiel selbst und daneben der pausenlose Kommentar. Schalten Sie den Ton ab und Sie können das Spiel unmittelbarer erleben als immer nur durch die Brille eines anderen. In Ihrem eigenen Leben sind es Ihre Gedanken, die das Erlebte ständig kommentieren und interpretieren: wie schwer es ist, wie toll, wie unfair, wie schön, wie falsch, wie langweilig und so weiter.

Häufig reißt die Flut Ihrer Gedanken und Gefühle Sie geradezu mit sich. Das geschieht mit besonderer Wucht, wenn Sie Sorgen haben, unter Druck stehen, eine schwere Verantwortung tragen oder wollen, dass sich etwas ändert.

Indem Sie sich in Achtsamkeit üben und Ihre Aufmerksamkeit auf das lenken, was in diesem Augenblick geschieht, verschaffen Sie sich eine willkommene Verschnaufpause von diesen belastenden und eingefahrenen Gedankenmustern.

Achtsamkeit gibt Ihnen Halt und Mittelpunkt – das Geschehen um Sie herum wirft Sie nicht mehr so leicht aus der Bahn. Sie können sich inmitten angenehmer oder auch unangenehmer Erlebnisse besser konzentrieren und Ihre innere Ruhe bewahren.

Es ist nicht einfach, »geradeaus« zu denken, solange sich in unserem Kopf die unterschiedlichsten Gedanken tummeln – angesichts des mentalen Chaos ist es schwer, den Durchblick zu behalten. Achtsamkeit hilft Ihnen, klare Entscheidungen zu treffen und zwischen mehreren möglichen Handlungswegen zu wählen.

Das heißt jedoch nicht, dass Sie in Ihrem Denken und Handeln unbeweglich werden. Ganz im Gegenteil! Achtsamkeit erlaubt es Ihnen, mit Ihrem Denken flexibler umzugehen. Sobald Sie bewusst wahrnehmen, wie und was Sie denken, können Sie sich von den eingefahrenen Reaktionsweisen frei machen und sich neuen und hilfreicheren Varianten gegenüber öffnen.

Sie werden feststellen, dass Sie weniger kritisch eingestellt sind, solange Sie achtsam sind. Achtsamkeit befreit Sie vom Urteil; so können Sie etwas ausprobieren, ohne es gleich zu bewerten oder zu analysieren. Sie können Dinge erleben, ohne sich darin zu verstricken. Etwas, was geschieht, ist erst in dem Augenblick schwierig, schlecht oder falsch, in dem Sie ihm aus freien Stücken diese Wertung geben.

Achtsamkeit hilft Ihnen zu erkennen, wann Ihr Denken und Ihr Selbstgespräch in negative und destruktive Muster abgleiten, und sie erlaubt Ihnen, sich ein Bild von den Gedanken und Selbstgesprächen zu machen, die Ihre Emotionen befeuern.

Solange Sie achtsam sind, haben Sie ein feineres Gespür für die Verbindungen zwischen Ihren Gedanken, Gefühlen und Handlungen. Sie agieren dann weniger im Reflex und mehr aus eigenem Antrieb. Was ist der Unterschied? Solange Sie sich von *Reflexen* leiten lassen, sind Sie eher geneigt, sich dem Geschehen entgegenzustellen. Sobald Sie aus *eigenem Antrieb* handeln, werden Sie der Situation besser gerecht.

Wenn Sie beispielsweise der Meinung sind, dass Sie sich gegenüber jemandem schlecht verhalten haben, könnten Sie sich verleitet fühlen, Ihr Verhalten zu rechtfertigen oder jegliches Fehlverhalten zu leugnen. Wenn Sie jedoch achtsam sind, wissen Sie um Ihre Gefühle und was diese Ihnen sagen wollen. Folglich ist die Wahrscheinlichkeit größer, dass Sie angesichts Ihrer Schuldgefühle versuchen, Ihren Fehler wiedergutzumachen.

Achtsamkeit ist ein gutes Mittel, um mit einer Reihe von schwierigen Gefühlen umzugehen. So lassen sich mit ihrer Hilfe beispielsweise Ängste und Sorgen reduzieren und im Zaum halten. Solange Sie sich auf die Gegenwart – auf das, was gerade jetzt geschieht – konzentrieren, haben Ängste und Sorgen keine Möglichkeit, ungehindert in Ihren Kopf vorzudringen.

Achtsamkeit ist auch ein wirkungsvolles Mittel, um Wutausbrüchen vorzubeugen. Indem Sie die Warnzeichen bewusster wahrnehmen, können Sie dem Drang zu einer Sofortreaktion entgegenwirken. Sie werden entdecken, dass sich das Leben in Zeitlupe abspielt, und das hilft Ihnen, mit mehr Ruhe auf schwierige Situationen einzugehen. Die Qualität Ihres Lebens verbessert sich – Sie können schwierige Situationen leichter meistern und von den guten Dingen des Lebens stärker profitieren.

Achtsamkeit gibt Ihnen die Möglichkeit, ganz in etwas aufzugehen und das Erlebte auszukosten. Sie sind so sehr auf das konzentriert, was gerade jetzt geschieht, dass Sie keinen Gedanken für den »nächsten« Augenblick übrig haben; nichts kann Sie ablenken.

Sie können entspannen und sich ganz den Dingen widmen, die das Leben für Sie lebenswert machen.

Achtsamkeit löst Sie aus der ausschließlichen Beschäftigung mit Ihrer eigenen Situation. Ihr Geist öffnet sich für die Welt, die unmittelbar vor Ihnen liegt: den Gesang der Vögel, das Wechselspiel des Lichts, die Bewegungen des Verkehrs – was immer sich gerade vor Ihren Augen abspielt. Dabei spielt es keine Rolle, wie häufig die Vögel bereits in der Vergangenheit gesungen haben, das Licht sich verändert hat oder der Verkehr vorbeigerollt ist. Achtsamkeit hilft Ihnen, die Dinge anders zu sehen; Sie sind dann offen für neue Möglichkeiten selbst in vertrauten Situationen.

Achtsamkeit macht aus einer langweiligen und eintönigen Tätigkeit etwas Neues. Sie schafft eine neue Perspektive, sodass Sie die Möglichkeit haben, alles so zu erleben, als wäre es das erste Mal. Egal wie häufig Sie etwas schon getan haben – es ist jedes Mal anders; man kann alles immer noch einmal anders machen.

Und weil Sie offen sind für neue Erfahrungen, ermöglicht Ihnen Achtsamkeit, sich von allem zu lösen, was Ihre Möglichkeiten einschränkt. Sie vermittelt Ihnen Zuversicht und Mut. Sie entwickeln ein stärkeres Selbstbewusstsein, eine positivere Vorstellung von Ihren Möglichkeiten und sind besser in der Lage, Ihre guten Absichten in die Tat umzusetzen und Ihre Ziele zu verwirklichen.

So bleibt kein Raum für Selbstzweifel und für destruktive Selbstgespräche nach dem Motto »Das werde ich niemals schaffen« oder »Ich bin nicht gut genug«. Achtsamkeit verstärkt Ihr Bewusstsein für diese wertenden Gedanken; Sie erkennen, wie abträglich sie Ihnen sind und welche schlechten Gefühle sie in Ihnen erzeugen.

Sie lösen sich von den Urteilen und Schlussfolgerungen, die Sie infolge Ihres Verhaltens entwickelt haben, und denken an das, was Sie gelernt haben, um die Dinge das nächste Mal anders zu machen.

Und dann hilft Achtsamkeit auch noch dabei, andere Menschen besser zu verstehen und mit ihnen in Beziehung zu treten. Wie das geht? Auf vielerlei Weise. Sie können sich besser mit anderen Menschen austauschen, weil Sie ihnen Ihre ganze Aufmerksamkeit schenken; Sie sind weniger abgelenkt und können besser auf das achten, was sie sagen und fühlen. Sie entwickeln ein stärkeres Bewusstsein für die Bedürfnisse und Gefühle anderer und Sie können die Situation eines anderen Menschen aus dessen Warte heraus erleben und verstehen. Sie haben mehr Verständnis für andere und das, was sie unterscheidet, und Sie können mehr voneinander lernen. Es ist eine Win-win-Situation!

Wenn aber Achtsamkeit schlicht bedeutet, sich bewusst und mit allen Sinnen auf das gegenwärtige Geschehen einzulassen, wie kommt es dann, dass sie in so vielen verschiedenen Situationen hilfreich ist? Das liegt daran, dass es mehrere Aspekte und Prinzipien von Achtsamkeit gibt.

Aspekte der Achtsamkeit

Wahrnehmung. Wir achten bewusst auf Gedanken, Erlebnisse und Ereignisse, die im gegenwärtigen Augenblick stattfinden.

Zurkenntnisnahme. Wir machen uns klar, dass etwas tatsächlich existiert. Im Zusammenhang mit der Achtsamkeit bedeutet dies das Eingeständnis, dass bestimmte Gedanken, Gefühle, Erfahrungen und Ereignisse sich wirklich ereignen.

Akzeptanz. Anstatt aktiv etwas zu tun, begreifen wir lediglich, dass bestimmte Dinge geschehen oder auch nicht geschehen. Zur Akzeptanz gehört die Einsicht, dass Gedanken, Gefühle, Empfindungen, Überzeugungen und Handlungen eben genau das sind: Gedanken, Gefühle, Empfindungen, Überzeugungen oder Handlungen. Akzeptanz ereignet sich im gegenwärtigen Augenblick.

Wertneutralität. Wir bewerten das Geschehen nicht, sondern erleben oder beobachten es lediglich. Wertneutralität setzt voraus, dass wir unseren Gedanken und Gefühlen sowie den Handlungen anderer Menschen und dem Geschehen um uns herum keine Bedeutung beimessen. Wir sehen die Dinge mit objektiven Augen, anstatt sie als »gut« oder »schlecht« zu interpretieren. Erst wenn Sie Erlebnisse und Ereignisse mit Gedanken verknüpfen, bekommen diese eine Bedeutung.

Loslassen. Wir klammern uns nicht an Gedanken, Gefühle, Ideen oder Ereignisse. Wir machen uns bewusst, dass sie Teil der Vergangenheit sind.

Konzentration und Engagement. Achtsamkeit setzt Konzentration voraus – unsere Aufmerksamkeit und unser Handeln haben einen klar definierten Fokus. Wir nehmen das Erlebte unmittelbar und mit ungeteilter Aufmerksamkeit wahr.

Anfängergeist. Anstatt auf Ereignisse immer wieder auf dieselbe Weise – wie schon in der Vergangenheit – zu reagieren, betrachten wir sie stets in neuem Licht. Wir lösen uns von unseren Überzeugungen und den Schlussfolgerungen, die wir bei früheren ähnlichen Gelegenheiten gezogen haben, und öffnen uns neuen Möglichkeiten, selbst in wohlvertrauten Situationen. Wir achten bewusst auf kleine Veränderungen, die das jetzige Geschehen vom vergangenen unterscheiden. Die Wahrnehmung des Neuen versetzt uns ins Hier und Jetzt, weil wir bewusster werden für das, was gerade jetzt geschieht.

Geduld und Vertrauen. Dieser Aspekt der Achtsamkeit betrifft die Erkenntnis, dass sich die Dinge in ihrer eigenen Zeit entwickeln.

Es ist wichtig zu wissen, dass diese Aspekte und Qualitäten der Achtsamkeit – Akzeptanz, Wahrnehmung, Anfängergeist und so weiter – dynamischer Natur sind. Sie sind bei aller Unterschiedlichkeit miteinander verknüpft und stehen in Wechselwirkung. Wenn wir beispielsweise eine Situation mit der nötigen Portion Naivität angehen, sind wir eher in der Lage, uns von Gefühlen, Ideen, Verhaltensweisen und so weiter aus der Vergangenheit frei zu machen. Das wiederum bedeutet, dass wir die vergangenen Ereignisse leichter als solche akzeptieren können.

Nachdem wir nun gelernt haben, wie und warum Achtsamkeit uns in unserem Leben weiterhelfen kann, ist es an der Zeit, dass wir achtsam werden! Im nächsten Kapitel geht es darum, bewusster wahrzunehmen, wie Sie gegenwärtig von Ihrem Geist Gebrauch machen beziehungsweise wie Ihr Geist *Sie* benutzt.

Sie werden sehen, dass es bereits genügt, das eigene Denken bewusster wahrzunehmen, um achtsam zu sein. Und es gibt noch eine gute Nachricht: Eine offenere und flexiblere Denkweise ist tatsächlich erlernbar. Ihr Geist ist dieser Herausforderung gewachsen!

2 Der Weg zum achtsamen Denken

Wir alle denken gerne über uns selbst, dass wir offen für neue Ideen und Wege sind. Gewiss, Achtsamkeit und das Leben im Augenblick sind bemerkenswert einfach; die Schwierigkeiten beginnen, sobald wir versuchen, das über längere Zeit aufrechtzuerhalten. Warum? Weil wir nur allzu leicht wieder in unsere alten Denk- und Verhaltensweisen zurückfallen.

Um achtsamer zu sein, müssen wir zuerst unsere destruktiven Denkweisen erkennen.

ÜBUNG: IN DIE RICHTIGE RICHTUNG DENKEN

Nehmen Sie einen Stift und ein Blatt Papier zur Hand. Lesen Sie sämtliche Anweisungen, bevor Sie zu schreiben beginnen. Zum Schluss dieser Übung geben Sie sich eine Note, wie gut Sie diese Übung bestanden haben.

1. Schreiben Sie in die linke obere Ecke des Blattes Ihren Vornamen.
2. Schreiben Sie in die rechte obere Ecke des Blattes Ihren Nachnamen.
3. Wenn Ihr Nachname mit einem Buchstaben zwischen A und M beginnt, kreisen Sie Ihren Vornamen ein.
4. Wenn Ihr Nachname mit einem Buchstaben zwischen N und Z beginnt, kreisen Sie Ihren Nachnamen ein.
5. Notieren Sie das heutige Datum unter Ihrem Vornamen.
6. Notieren Sie Ihr Geburtsdatum unter Ihrem Nachnamen.
7. Wenn Ihr Geburtstag in einem der Monate zwischen Januar und Juni liegt, unterstreichen Sie Ihren Geburtstag einmal.
8. Wenn Ihr Geburtstag in einem der Monate zwischen Juli und Dezember liegt, unterstreichen Sie Ihren Geburtstag zweimal.

Wenn auf dem Blatt vor Ihnen irgendetwas steht, bevor Sie sämtliche Instruktionen gelesen haben, geben Sie sich null Punkte! Gehen Sie noch einmal zurück und lesen Sie die Anweisung. Dort steht, dass Sie erst sämtliche Anweisungen zu Ende durchlesen sollen, bevor Sie irgendetwas zu Papier bringen.

Ich unterrichte an der University of Sussex wissenschaftliches Arbeiten. In meinen Schreibkursen verwende ich diese Übung, um die Studenten darauf hinzuweisen, wie wichtig es ist, die *tatsächliche* Frage zu beantworten. Viel zu häufig beantworten die Studenten das, was sie für die gestellte Frage *halten*, anstatt auf die *tatsächlich* gestellte Frage zu antworten.

Warum ist das so? Es scheint, als ob ihr Geist auf Autopilot schalten würde. Ähnlich wie bei optischen Illusionen dreht Ihr Gehirn den vertrauten Vorgang des »Sehens« um. Wenn es annimmt, dass es weiß, was es sieht, oder wenn es die entsprechende Aufforderung erhält, verzichtet es darauf, nach weiteren Möglichkeiten zu schauen.

Was kann die Wissenschaft uns darüber sagen? Die Grundbestandteile des Gehirns sind die Neuronen, jene Zellen des Nervensystems, die Informationen verarbeiten und weiterleiten. Neuronen bilden miteinander Nervenbahnen und neuronale Netze. Wenn wir etwas denken oder tun, aktiviert unser Gehirn diese Nervenbahnen. Je häufiger wir in einer bestimmten Weise denken oder uns verhalten, desto wahrscheinlicher wird es, dass unser Gehirn wieder dieselben Nervenbahnen aktiviert. Die Bahnen werden stärker und stärker – so als würden wir über eine Wiese laufen und die ausgetretenen Pfade immer deutlicher in Erscheinung treten.

Irgendwann sind die Pfade so ausgetreten, dass daraus Gewohnheiten werden – Denk- oder Verhaltensgewohnheiten. Wir brauchen nicht länger darüber nachzudenken, was wir tun. Wir tun es gedankenlos.

Wenn wir beispielsweise eine Straße überqueren, schauen wir automatisch vorher in beide Richtungen. Wir haben es so häufig getan, dass wir darüber nicht mehr nachzudenken brauchen.

Das ist natürlich hilfreich – wir ersparen es uns, jedes Mal erneut darüber nachdenken zu müssen. Denken Sie an all die Dinge, die Sie täglich tun, und an die Gehirn und Körper so gewöhnt sind, dass Sie keine Gedanken mehr daran verschwenden müssen – gehen, reden, essen, Zähne putzen, fahren, Textnachrichten eintippen und so weiter.

Solange unser Gehirn mit Verhaltensweisen oder Gedankenmustern beschäftigt ist, die es als unveränderte Wiederholung empfindet, und solange es dazu keine neuen Informationen verarbeiten muss, schaltet es auf Autopilot. Und weil unser Gehirn größtenteils außerhalb unserer bewussten Wahrnehmung arbeitet – vergleichbar der Atmung –, ist uns nicht einmal bewusst, wie automatisch sich unser Denken vollzieht.

So werden wir achtlos statt achtsam. Und bevor wir es merken, stolpern wir über mentale Fallstricke – gewohnte Denk- und Verhaltensweisen, in denen wir uns, wie in den meisten Fallen, nur allzu leicht verfangen.

Mentale Fallstricke

Wenn Sie sich der häufigsten Denkfallen bewusst werden, ist das ein erster Schritt in Richtung Achtsamkeit. Sie werden feststellen, dass einige dieser Fallen Sie in die Zukunft und andere in die Vergangenheit locken.

1. Schwarzmalerei
2. Vorschnelles Schlussfolgern
3. Tunneldenken
4. Die Bestätigungsfalle
5. Die Konformitätsfalle
6. Die Versunkene-Kosten-Falle
7. Die Schuldzuweisungsfalle

1. Schwarzmalerei: Wir quälen uns selbst mit verstörenden Gedanken über zukünftige Möglichkeiten und Worst-Case-Szenarien.

Einige Beispiele: Sie wissen, dass Sie an einen Ort fahren müssen, in dem Sie noch nie waren, und fürchten, sich gründlich zu verfahren. Wenn Ihr Vorgesetzter Sie in einer Besprechung nicht anschaut, denken Sie, dass Ihre Kündigung unmittelbar bevorsteht, und wenn sich auf Ihrer Haut ein Leberfleck zeigt, sind Sie überzeugt, dass es sich um ein malignes Melanom handelt.

Sorge kann eine positive Reaktion sein, die Sie daran hindert, übermütig zu werden, oder Sie zum Handeln anspornt, um die Situation wieder unter Kontrolle zu bringen. So könnten Sie beispielsweise eine Straßenkarte und / oder Ihr Navigationsgerät auf die Reise mitnehmen; nach der Besprechung könnten Sie Ihren Vorgesetzten fragen, ob es ein Problem gibt, und Sie könnten einen Termin bei Ihrem Arzt vereinbaren, damit er sich Ihren Leberfleck genauer ansieht.

Abgesehen von Sorgen über Dinge, auf die Sie einen gewissen Einfluss haben, können Sie sich auch Sorgen über Dinge machen, auf die Sie keinen Einfluss haben – wie beispielsweise Angst vorm Fliegen, davor, Opfer eines Terroranschlags oder ausgeraubt zu werden.

Je mehr Sie sich sorgen und je häufiger sich vor Ihrem inneren Auge die Worst-Case-Szenarien abspielen, desto stärker bilden sich die erwähnten neuronalen Pfade aus, mit der Folge, dass diese Denkweisen zur Gewohnheit werden. Auf diese Weise lassen Sie zu, dass negative zukünftige Möglichkeiten die Herrschaft über das Geschehen in der Gegenwart erlangen.

2. Vorschnelles Schlussfolgern: Wir beurteilen und entscheiden etwas, bevor wir über alle relevanten Informationen verfügen oder die wichtigsten Anhaltspunkte berücksichtigen.

Bei einer Besprechung werden Sie Joel vorgestellt. Er macht auf Sie einen introvertierten Eindruck. Sie wissen, dass er entweder Bibliothekar oder Immobilienmakler ist. Welche der beiden Möglichkeiten erscheint Ihnen am wahrscheinlichsten?

Denken Sie eher an einen Bibliothekar? Warum? Stellen Sie sich unter einem Immobilienmakler eher einen kontaktfreudigen, von sich selbst überzeugten Menschen vor? Es fällt schwer, keine *übereilten Schlussfolgerungen* zu ziehen. Mutmaßungen dieser Art sind Teil unserer Natur. Wer sich nicht festlegt, hat es schwerer, sich einen Reim auf das Geschehen zu machen. Wann wissen wir, dass wir die Fakten hinreichend berücksichtigt haben? Wie lange müssen wir warten, bevor wir uns ein Urteil bilden?

Unser Gehirn bevorzugt Abkürzungen, ohne dass wir uns dessen bewusst sind. Indem wir übereilt Schlussfolgerungen ziehen, gründen wir unsere Voraussagen für die Zukunft auf Informationen und Erfahrungen aus der Vergangenheit.

3. Tunneldenken: Stellen Sie sich vor, wie Sie durch eine Pappröhre schauen. Was sehen Sie? Oder noch wichtiger: Was sehen Sie nicht? Beim Tunneldenken schließt Ihr Kopf bestimmte Möglichkeiten und Optionen aus – daher der Tunnel. Es bleibt Ihnen nur ein Weg: durch den Tunnel hindurch und zum anderen Ende hinaus.

Das ist sicherlich nützlich in Krisen, wenn Sie Ihre Aufmerksamkeit konzentrieren und nebensächliche und überflüssige Daten ignorieren müssen. Wenn Sie jedoch beispielsweise irgendwohin mit dem Auto unterwegs sind und immer nur das Ziel vor Augen haben, verpassen Sie viele interessante Landschaften und Ausblicke.

Nun ja, ein paar Landschaften und Ausblicke zu verpassen, ist vielleicht nicht *die* Katastrophe. Aber überlegen Sie, wie es wäre, wenn sich ein Arzt bei seiner Diagnose oder ein Kriminalist bei der Tätersuche mit einem so engen Blick begnügt, anstatt alle Möglichkeiten und alle Befunde ins Kalkül zu ziehen!

Tunneldenken hat auch etwas mit einer Zufriedenheit zu tun, die stets von der Zukunft abhängt; manche Menschen können nie genug kriegen. Denken Sie manchmal Dinge wie: »Zu meinem Glück fehlt mir nur noch ein Partner«? Oder: »Zu meinem Glück fehlt mir nur noch ein neuer Job«? Vielleicht haben Sie das Gefühl, dass das Haus, in dem Sie leben, oder Ihr Garten nicht das ist, was Sie wollen, und Sie wünschen sich etwas Größeres und Besseres.

Ein solch enger Fokus kann Ihnen helfen, sich Ihrem Ziel immer weiter anzunähern. Er kann Sie aber auch davon abhalten, achtsam zu sein, weil Sie sich zu sehr auf die Zukunft konzentrieren anstatt auf das, was gerade jetzt um Sie herum passiert, was Sie fühlen und was Sie wahrnehmen. Indem Sie Ihr Glück und Ihre Zufriedenheit von Dingen abhängig machen, die in der Zukunft liegen, verpassen Sie das Glück, das sich Ihnen jetzt bietet.

Es gibt auch das umgekehrte Tunneldenken, das sich auf die Vergangenheit richtet. Vielleicht fällt es Ihnen schwer, zu akzeptieren, dass aus einer Beziehung nichts wurde. Oder Sie haben sich vor geraumer Zeit vergeblich für einen Job oder um eine Kursteilnahme beworben, und Sie sind sich sicher: Hätte die Geschichte einen anderen Ausgang genommen, wären Sie jetzt viel zufriedener und glücklicher. Sie klammern sich an die Vergangenheit – die Vergangenheit beherrscht Ihre Gegenwart.

4. Die Bestätigungsfalle: Wir suchen gezielt nach Fakten, die uns in unseren bestehenden Denkweisen bestätigen.

Stellen Sie sich folgende Situation vor: Laura hat das Gefühl, es wäre richtig, Paul – der in letzter Zeit mit mentalen Schwierigkeiten zu kämpfen hatte – nicht in das Team für das neue Projekt aufzunehmen. Um sich zu vergewissern, dass ihre Gefühle berechtigt sind, spricht sie mit einem Kollegen, der ebenfalls auf Pauls Mitarbeit verzichtet hat, in der Hoffnung, dass er sie in ihrem Denken bestätigt.

Es ist klar, dass Laura ihre Entscheidung bereits getroffen hat (auf der Basis der Vergangenheit). Sie sucht jetzt nach Fakten, die sie in ihrem Denken bestärken – und sie ist geneigt, Fakten, die dieses Denken infrage stellen könnten, auszublenden. (In diesem Fall stellt sich heraus, dass Paul vor anderthalb Jahren einen Nervenzusammenbruch hatte, von dem er sich in der Zwischenzeit vollkommen erholt hat.)

Vergangene Erfahrungen können uns helfen, Entscheidungen zu treffen, aber nicht immer nützt das der Qualität der Entscheidung. Die Bestätigungsfalle hindert uns daran, achtsam zu sein, weil wir uns allzu leicht von veralteten Informationen und überholten Ideen leiten lassen und blind werden für aktuelle Informationen.

Auch ist die Bestätigungsfalle ein guter Nährboden für Vorurteile – wir beurteilen Situationen oder Menschen aufgrund von vorgefassten Meinungen oder Gefühlen, ohne dass wir den vollen Überblick über die Situation haben.

5. Die Konformitätsfalle: Wir richten unser Denken am Denken anderer Menschen aus.

Kennen Sie die Geschichte von des Kaisers neuen Kleidern? Der Kaiser liebte es, sich modisch zu kleiden und in seinem Königreich herumzustolzieren, auf dass jedermann ihn bewundern konnte.

Eines Tages erzählten zwei Gauner dem Kaiser, sie wären Schneidermeister und könnten ihm ein bezauberndes neues Gewand nähen. Es werde so leicht und fein sein, dass er es kaum spüren werde. Es sei nur für Menschen sichtbar, die ihres Amtes würdig und nicht dumm seien. Der Kaiser war begeistert und trug den »Schneidern« auf, mit ihrem Werk zu beginnen.

Irgendwann schließlich war des Kaisers neues Gewand fertig. Er konnte nichts sehen, aber er wollte nicht dumm erscheinen. Also bewunderte er das Werk und dankte den Schneidern. Er stolzierte die Straße entlang, damit alle die neuen Kleider sehen konnten. Die Leute sahen lediglich einen nackten Kaiser, gaben dies aber nicht zu, aus Angst, sich selbst als dumm zu outen.

Stattdessen priesen sie das feine Gewebe und seine Farben. Der Kaiser war sehr glücklich. Bis zuletzt ein Kind rief: »Der Kaiser ist ja nackt!« Im Handumdrehen setzte ein allgemeines Geraune ein, und schon bald riefen alle: »Der Kaiser hat nichts an!«

Den meisten von uns erscheint es grob und aufdringlich, Dinge, die man uns erzählt, infrage zu stellen. Und weil wir nicht den Mut haben, das anzuzweifeln, was andere uns erzählen, unterdrücken wir auch den Trieb, das eigene Denken kritisch zu hinterfragen.

Wir akzeptieren mehr oder weniger die Überzeugungen und Denkweisen anderer Menschen, selbst wenn auf diese Weise Gefühle und Verhaltensweisen entstehen, mit denen wir uns selbst schaden.

Gewiss, indem wir unser Denken an das Denken der Menschen um uns herum anpassen, sorgen wir für »störungsfreie« Beziehungen. Aber wir werden auf diese Weise zu Gefangenen einer einseitigen Weltsicht, weil wir die Dinge nur noch aus ein und derselben Perspektive betrachten.

6. Die Versunkene-Kosten-Falle: Wir suchen eine Rechtfertigung für die Zeit und Energie, die wir bereits in eine Situation / ein Projekt investiert haben und die wir niemals wieder erstattet bekommen.

Versunkene bzw. irreversible Kosten können uns dazu verleiten, mit etwas weiterzumachen, unter das wir besser einen Schlussstrich ziehen sollten, um nicht noch mehr Zeit, Energie und Geld in jemanden oder etwas zu investieren, was diesen Aufwand nicht wert ist.

Vielleicht haben Sie einen neuen Job, der Ihnen zuwider ist und Sie krank macht. Aber aufgrund der vielen Umstellungen in Ihrem Leben, die Sie vorgenommen haben, nur um diesen Job anzutreten – vielleicht haben Sie sogar den Wohnort gewechselt –, weigern Sie sich jetzt, das Handtuch zu werfen. Sie sagen sich: »Das ist dumm gelaufen, aber jetzt ist es zur Umkehr zu spät«, und machen weiter in der Hoffnung, dass sich die Dinge von selbst bessern.

Natürlich sollen Sie Ihre Entschlüsse nicht leichtfertig über den Haufen werfen, wenn Sie im Leben etwas erreichen wollen. Aber die Weigerung loszulassen ist eher ein Ausdruck dafür, dass Sie sich die Gegenwart von der Vergangenheit diktieren lassen – anstatt einzusehen, dass einzig das zählt, was von jetzt an passiert.

7. Die Schuldzuweisungsfalle: Wir schieben die Verantwortung für etwas, was schiefgegangen ist, auf jemanden oder etwas anderes.

Melinda hat Folgendes erlebt: »Ich war bereits einige Kilometer aus der Stadt heraus gefahren, als ich die Warnleuchte bemerkte, die mir mitteilte, dass mein Tank fast leer war. Kilometerweit war keine Tankstelle zu sehen. Meine nächsten Gedanken kreisten um meinen Sohn: Warum fährt er immer so lange, bis fast kein Benzin mehr da ist? Warum hat er gestern

Abend nicht mehr getankt? Er wusste, dass ich das Auto heute benötige. Er ist so gedankenlos. Warum passieren immer nur mir solche Sachen?«

Und schon steckte sie mitten in den Schuldzuweisungen. Wie häufig ist es Ihnen schon so ergangen, dass Sie instinktiv nach jemandem suchten, dem Sie die Schuld für die missliche Lage geben konnten, in der Sie sich befanden? Diese Falle hat keine einzige positive Seite. Was geschehen ist, ist geschehen, und meist können Sie daran nichts mehr ändern.

Aber weil Sie nicht akzeptieren können, was geschehen ist, können Sie sich auch nicht auf das konzentrieren, was gegenwärtig geschieht. Sie sind in der Schuldzuweisungsfalle gefangen!

> **»Gegenwärtig ist hinsichtlich des Vergangenen die Erinnerung, gegenwärtig hinsichtlich der Gegenwart die Anschauung und gegenwärtig hinsichtlich der Zukunft die Erwartung. … deshalb scheint es mir, dass die Zeit nichts anderes ist als eine Ausdehnung; aber von was, weiß ich selber nicht; und wunderbar, wenn nicht von dem Geiste selbst.«**
> Augustinus (Confessiones, XI, 20/26)

Auch in Denkfallen stolpern wir blind hinein – wie für alle anderen Fallen gilt hier, dass wir uns nur schwer aus ihnen befreien können. Die meiste Zeit über sind die Menschen achtlos; sie merken gar nicht, dass sie sich in dieser Geistesverfassung befinden, weil sie nicht »zur Stelle« sind, um davon Notiz zu nehmen. Aber sobald Sie diese Fallen bewusst wahrnehmen, werden Sie feststellen, dass es nicht unmöglich ist, ihnen zu entkommen.

Allein das – sich die Existenz der Denkfallen bewusst zu machen – ist schon Ausdruck von Achtsamkeit. In dem Augenblick, in dem Sie begreifen, dass Sie Ihren eigenen Gedanken auf den Leim gegangen sind, sind Sie frei, aus der Falle herauszutreten.

ÜBUNG: FÜHREN SIE EIN GEDANKENTAGEBUCH

Eine Möglichkeit, wie Sie sich Ihre Gedanken bewusst machen können, besteht darin, sie aufzuschreiben. Notieren Sie alle Ereignisse der letzten 24 Stunden, ob groß oder klein: Vielleicht waren Sie einkaufen, haben Essen zubereitet, sind zur Arbeit gefahren, haben Ihre Kinder zur Schule gebracht, ihnen eine Geschichte vorgelesen, ferngesehen, sich für eine Stelle beworben, an einer Besprechung teilgenommen, E-Mails geschrieben, im Garten gearbeitet oder Sport getrieben.

Wo waren dabei Ihre Gedanken? In der Gegenwart? Oder hingen sie der Vergangenheit nach oder spulten in die Zukunft vor?

Helena führte eine Woche lang täglich ein Gedankentagebuch. »Ich hielt eine Vielzahl von Dingen fest, die sich jeden Tag ereigneten. Beispielsweise, wie mir meine Chefin im Korridor begegnete und so tat, als sähe sie mich nicht (sie hat sich wohl darüber geärgert, dass ich ihr gestern auf der Sitzung widersprochen hatte). Wie ich mich zum Kaffee mit einer Freundin traf (ich habe nicht wirklich zugehört, was sie mir erzählte – ich war in Gedanken zu sehr mit dem beschäftigt, was mich zu Hause erwartete). Wie ich neben der Arbeit ein Sandwich aß (ich kann keine Mittagspause machen, habe zu viel Büroarbeit nachzuholen). Wie ich die wöchentliche Pfadfindergruppe meiner Tochter leitete (warum habe ich mich nur dazu breitschlagen lassen?).

Indem ich meine Gedanken festhielt, konnte ich darin bestimmte Muster erkennen. Ich war überrascht, wie häufig ich es zuließ, dass sich vergangene Ereignisse und zukünftige Möglichkeiten mitten in dem breitmachten, was gerade in dem Moment geschah.«

Das alles aufzuschreiben, erscheint vielleicht ein wenig zu viel der Mühe, aber die Übung bringt so einiges mehr. Sie machen sich nämlich die Dinge dann doppelt bewusst: einmal, bevor Sie sie notieren, und einmal, während Sie schreiben.

Prüfen Sie sich mehrmals am Tag und fragen Sie sich: »Weiß ich gerade, wo meine Gedanken sind?«

Machen Sie es beispielsweise so: Stellen Sie den Wecker Ihres Telefons so ein, dass er mehrmals während des Tages läutet. Jedes Mal wenn der Alarm ertönt, machen Sie sich bewusst und halten anschließend schriftlich fest, was Sie gerade denken beziehungsweise tun. Waren Sie mit Ihren Gedanken bei dem, was Sie taten? »»

Wo immer Sie mit Ihren Gedanken waren – es besteht kein Grund, sie als gut, schlecht oder falsch einzustufen. Die Wertung der eigenen Gedanken ist eine weitere Denkfalle. Es reicht, wenn Sie sich bewusst machen, wo Sie mit Ihren Gedanken sind.

Ein verstärktes Bewusstsein für diese Denkfallen ist der erste Schritt, um sich von ihnen frei zu machen.

Verändern Sie Ihren Geist

Bekanntlich erzeugt jeder Gedanke und jede Handlung im Gehirn einen neuronalen Pfad. Wenn Sie die Gewohnheit entwickeln, bestimmte Dinge immer auf eine ähnliche Weise zu sehen, wird daraus eine Art Standard. Je häufiger Sie also einen bestimmten Gedanken haben oder eine bestimmte Denkweise anwenden, desto ausgetretener wird dieser Pfad und desto größer ist die Wahrscheinlichkeit, dass Sie sich auch beim nächsten Mal wieder auf genau diesem Pfad einfinden werden.

Die gute Nachricht ist, dass Sie mit derselben Methode der Wiederholung auch achtlose Denkweisen ablegen und sich hilfreiche achtsame Denkweisen zulegen können.

Irgendwann haben Sie sich bestimmte Denk- und Verhaltensweisen angewöhnt, die sich anschließend verselbstständigten. Das ist eine natürliche Folge der Funktionsweise Ihres Gehirns. Sie können aus diesem Prinzip den größtmöglichen Vorteil ziehen, indem Sie ganz nach Ihrem Belieben neue Denk- und Verhaltensweisen erzeugen und sich zur Gewohnheit machen.

Leoparden können tatsächlich nicht aus ihrer Haut. Aber Sie sind kein Leopard und können sich dementsprechend verändern. Sie können lernen, offener und flexibler zu denken. Ihr Geist ist dazu fähig!

Ihr unglaublicher Geist

Ihr Geist ist unglaublich! Er ist die Summe all Ihrer bewussten und unbewussten mentalen Vorgänge und Aktivitäten. Er kann denken, ableiten, schlussfolgern und verstehen. Er registriert, analysiert und beurteilt. Er kann sich einfühlen und sympathisieren. Er ist verantwortlich für Ihre Willenskraft, Ihre Absichten, Ihre Vorlieben und Entscheidungen. Ihr Geist kann planen, fantasieren, träumen und antizipieren. Er kann täuschen, sich sorgen, sich erinnern und vergessen.

Forscher haben festgestellt, dass Achtsamkeit die physische Struktur des Gehirns verändern kann. Gehirnscans zeigten bei Menschen, die regelmäßig Achtsamkeit praktizieren, verdickte Nervenstränge in Teilen des Gehirns, die mit Aufmerksamkeit und der Verarbeitung von Sinneseindrücken zu tun haben.

In einem Bereich der grauen Materie zeigten ältere Menschen stärker ausgeprägte Verdickungen als jüngere Menschen. »Unsere Daten lassen darauf schließen, dass Meditationsübungen bei Erwachsenen die kortikale Plastizität in Bereichen, die für die kognitive und emotionale Verarbeitung und für das Wohlbefinden wichtig sind, fördern können«, sagt Sara Lazar, die Leiterin der Studie und Psychologin an der Harvard Medical School. »Die Struktur eines Erwachsenengehirns kann sich infolge wiederholter Übung verändern.«[3]

Sehen wir einmal von degenerativen Gehirnerkrankungen ab, so verliert Ihr Gehirn niemals die Fähigkeit zu lernen und sich zu verändern, weil es formbar ist und sich ununterbrochen selbst neu verdrahtet. Die »Magie« der Achtsamkeit beruht darauf, dass diese die neuronalen Netze neu ordnet. Und die aufregende Nachricht lautet, dass diese Fähigkeit von Ihnen selbst stammt; Sie können Ihren Geist anregen, sich mithilfe des Gehirns selbst zu erneuern.

---

3 W. J. Cromie, »Meditation found to increase brain size«, *Harvard Science*, Februar 2006, Bd. 2, http://news.harvard.edu/gazette/story/2006/02/meditation-found-to-increase-brain-size/

Die Wissenschaft

Unser Gehirn besteht im Wesentlichen aus drei Teilen – dem Reptiliengehirn, dem limbischen System und dem Neocortex (Stammhirn) –, die sich in unterschiedlichen Phasen unserer Evolution herausgebildet haben. Jeder dieser Teile hat eine wichtige Aufgabe.

Reptiliengehirn und limbisches System reagieren auf die Welt um uns herum instinktiv und ohne rationale gedankliche Filterung und Verarbeitung. Unsere limbischen Reaktionen sind fest in unser System einprogrammiert und wir können sie nur mit Mühe verbergen. (Versuchen Sie nur einmal, äußerlich ruhig zu bleiben, während Sie innerlich erschrecken.) Limbische Reaktionen spiegeln Gefühle, Einstellungen und Absichten wider. Emotionen wie Angst, Schuld, Wut oder Aufregung können Ihren Geist überwältigen.

Der Neocortex – das neue Gehirn – ist für unsere kognitiven Fähigkeiten zuständig, dafür, dass wir denken, uns erinnern und Schlussfolgerungen ziehen. Konzentration und Aufmerksamkeit sind vorrangig Tätigkeiten des Neocortex. Achtsamkeit bewirkt, dass die konzentrierte Aufmerksamkeit die neuronale Aktivität des limbischen Systems dämpft. Unser Geist wird ruhiger.

Verändern Sie Ihr Denken

Wir können also, indem wir uns die Ereignisse unseres Tages und die damit verbundenen (oder nicht verbundenen) Gedanken und Gefühle stärker bewusst machen, denjenigen Denkfallen auf die Spur kommen, die uns daran hindern, achtsam zu sein.

Es gibt noch weitere Techniken, die unserem Gehirn dabei helfen, anders zu denken – mit dem Ziel, unsere Denkweisen allmählich zu verändern. Handeln wir anders, verändern wir zugleich unser Denken. Indem wir selbst kleine Gewohnheiten verändern, setzen wir unser Gehirn neuen Reizen aus und erzeugen so neue neuronale Pfade entsprechend den veränderten Gewohnheiten.

ÜBUNG: GEWOHNHEITEN VERÄNDERN

Machen Sie folgendes Experiment: Legen Sie Ihre Uhr an eine andere Stelle im Raum. Oder verstauen Sie Teebeutel, Marmelade oder Müsli in einer anderen Schublade in der Küche. Beobachten Sie, wie häufig Sie danach automatisch an der alten, gewohnten Stelle suchen.

Verwirrend? Frustrierend? Ja. Aber Sie können sich darauf einstellen. Wenn Sie nur konsequent dabei bleiben, werden Sie sich nach wenigen Wochen an die neuen Orte gewöhnt haben.

Wenn Sie neue Verhaltensweisen regelmäßig und konsequent praktizieren, können Sie Ihre Denkweisen mitunter nachhaltig verändern. Selbst kleine Veränderungen können helfen.

- Wählen Sie einen neuen Weg zur Arbeit. Kochen Sie ein neues Gericht oder kaufen (und essen) Sie andere Lebensmittel. Besuchen Sie mit den Kindern einen neuen Spielplatz.

- Lesen Sie eine andere Zeitung, hören Sie andere Musik oder schalten Sie einen anderen Radiosender ein.

- Engagieren Sie sich in Ihrer Freizeit für Menschen, deren Lebenssituation eine ganz andere ist als Ihre. Treffen Sie neue Leute. Neue Leute bringen neue Gedanken, Ideen und Wahrnehmungen in Ihr Leben.

- Sprechen Sie mit jemandem, der einen anderen weltanschaulichen, beruflichen, kulturellen oder religiösen Hintergrund hat. Auf diese Weise werden Sie sicherlich mit neuen Denkweisen in Berührung kommen. (Bestätigungs- und Konformitätsfalle sind der Beweis dafür, dass der ausschließliche Kontakt mit Gleichgesinnten lediglich die eigenen Gedanken und Überzeugungen verstärkt.)

- Verändern Sie Ihre Fortbewegungsart. Gehen Sie zu Fuß, statt das Fahrrad zu nehmen. Fahren Sie Fahrrad, statt sich ins Auto zu setzen. Oder nutzen Sie den öffentlichen Nahverkehr. Nehmen Sie die Treppe statt den Fahrstuhl.

Sie müssen sich bewusst dafür entscheiden, Dinge anders zu tun, um Ihr Erleben zu verändern. Notieren Sie das, was Sie anders machen wollen, auf Haftnotizen, und befestigen Sie diese über Ihrem Schreibtisch oder am Kühlschrank, um sich regelmäßig daran zu erinnern.

Raffen Sie sich zu neuen Aktivitäten und Erfahrungen auf, die Sie zwingen, Ihre Komfortzone zu verlassen. Auf diese Weise trainieren Sie Ihr Gehirn, anders zu denken. Wer sich auf neue Denk- und Verhaltensweisen einlässt, kommt mit einem weiteren Aspekt der Achtsamkeit in Berührung: dem Anfängergeist.

Anfängergeist

Statt auf Ereignisse immer auf dieselbe Weise zu reagieren – wie Sie es in der Vergangenheit getan haben –, hilft Ihnen die nötige Portion Naivität und Neugier, um die Dinge anders anzugehen und in einem neuen Licht zu sehen.

Ein Beispiel: Sie müssen einige Zeit mit jemandem verbringen, den Sie in der Vergangenheit stets als wenig umgänglich wahrgenommen haben. Stellen Sie sich jetzt vor, Sie würden ihm zum ersten Mal begegnen. Sie wissen nichts über ihn und haben keine vorgefasste Meinung und keine Erwartungen an ihn. Wenn Sie das nächste Mal mit jemandem zusammen sind, den Sie gut kennen – ganz gleich, ob Sie ihn nun mögen oder nicht –, sollten Sie versuchen, in ihm irgendetwas zu sehen, was Ihnen neu ist.

Diese Form von Naivität setzt voraus, dass Sie sich von den Überzeugungen, Eindrücken, Urteilen und Schlussfolgerungen lösen, die sich aus früheren Begegnungen ergeben haben. Machen Sie es sich zur Gewohnheit, offen für neue Möglichkeiten zu sein und in vertrauten Situationen neue Dinge wahrzunehmen. Neue Eindrücke versetzen Sie in das Hier und Jetzt, weil sie Ihr Bewusstsein für das stärken, was sich gerade jetzt abspielt.

Wählen Sie eines Ihrer Lieblingsmusikstücke aus. Hören Sie diese Musik mit der Naivität eines Menschen, der sie zum ersten Mal hört. Suchen Sie sich ein Element heraus, auf das Sie für gewöhnlich nicht achten – den Rhythmus, die Melodie, den Text oder ein bestimmtes Instrument. Lauschen Sie jetzt der Musik und achten Sie besonders auf dieses neue Element.

Als ich heute im Auto saß, hörte ich »Abraham, Martin and John«, gesungen von Marvin Gaye. Anstatt wie sonst immer laut mitzusingen, achtete ich stattdessen auf das Xylofon. (Hören Sie sich das Stück an, dann wissen Sie mit Sicherheit, was ich meine.) Der nächste Song im Radio war »Lady Madonna« von den Beatles. Auch hier verzichtete ich aufs Mitsingen, drehte stattdessen die Impulse auf und folgte ihnen. So vertraut mir auch beide Lieder waren – als ich ihnen mit »naiven« Ohren lauschte, schien es mir, als hörte ich sie zum ersten Mal.

In den meisten Fällen werden wir achtlos, weil wir auf Dinge, die wir gut zu kennen glauben, nicht länger achtgeben. Wenn wir diese Dinge und Menschen immer wieder auf die gleiche Weise erleben, verpassen wir jedoch viel. Der »Anfängergeist« erlaubt es uns, die Welt noch einmal mit ganz neuen Augen zu sehen.

Wenn wir auf vertraute Situationen, Erfahrungen und Ereignisse stets auf dieselbe vertraute Art und Weise reagieren, sperren wir uns selbst aus der Gegenwart aus und leben stattdessen in der Vergangenheit. So haben wir keine Möglichkeit, neue Einsichten zu gewinnen.

Kann dieselbe Sache jedes Mal anders sein? Ja. Schauen Sie sich nur die vielen von van Gogh gemalten Sonnenblumen an. Oder nehmen Sie die Fotografien von Mark Hirsch. Der Fotograf fuhr 19 Jahre lang regelmäßig an einer riesigen Eiche im Südwesten Wisconsins vorbei, ohne sie jemals zu fotografieren. Als er im Jahr 2011 mit einem Freund zusammen wieder einmal bei der Eiche vorbeikam, schlug dieser ihm vor, die Kamera seines neuen iPhone 4S an dieser Stelle mit dem Baum als Motiv auszuprobieren.

Hirsch hielt neben der Straße und stiefelte 500 Meter durch den Schnee, um sein erstes Foto von dem Baum zu schießen. Beeindruckt von der Qualität, beschloss Hirsch, daraus ein Projekt zu machen. Fast ein Jahr lang schoss er nun täglich ein Bild von dem Baum. Schauen Sie sich das Resultat im Internet an.

Kelvin Atkins' Aufnahmen von immer demselben Blick auf die South Downs – eine hügelige Kreidelandschaft im Süden Englands – zeigen, dass dieselbe Sache jedes Mal anders aussehen kann: http://www.kelvin-atkins.co.uk/galleries/sussex/seasons/.

Was würde es für Sie bedeuten, wenn Sie mehr Situationen mit einem Anfängergeist wahrnehmen könnten? Gibt es Gegenstände, Orte, Menschen, Tätigkeiten oder Situationen, auf die Sie auf immer dieselbe altvertraute Weise reagieren?

Vor Kurzem arbeitete ich mit einer Nachbarschaftsorganisation zusammen, die sich um mehr Gelder bemühte, um auch weiterhin Kurse für Menschen aus dem näheren Umkreis anbieten zu können. Mitarbeiterin Emily machte einen Vorschlag: »Was wäre, wenn es diese Organisation bislang noch nicht gegeben hätte? Lasst uns alles vergessen, was wir jemals gemacht haben und auch wie wir es gemacht haben. Lasst uns die Situation angehen, als wäre es das erste Mal. Anstatt zu überlegen, was früher funktioniert oder nicht funktioniert hat, fangen wir besser noch einmal bei null an.« Das Team griff Emilys Vorschlag auf und in der Folge gelang es ihm, eine Reihe neuer und fantasievoller Ansätze zu entwickeln, wie sich neue Geldquellen erschließen ließen.

Was für neue Herausforderungen fallen Ihnen ein? Beginnen Sie heute: Machen Sie es sich zur Gewohnheit, die vertrauten Denkpfade zu verlassen und die Dinge aus einem neuen Blickwinkel zu betrachten.

Bemühen Sie sich, in jeder Situation stets etwas Neues zu erblicken; auf diese Weise lassen Sie die Vergangenheit hinter sich und konzentrieren sich auf die Gegenwart. Wenn Sie Ihr Zuhause, einen Laden, eine Zahnarztpraxis oder einen Operationssaal betreten, was sehen Sie da? Wie hell ist der Raum? Wonach riecht es dort?

Ist die Fahrt zur Arbeit heute in jeder Hinsicht mit der Fahrt gestern identisch? Was ist anders? Wenn Sie die Welt mit einem neuen, frischen Blick sehen, werden Sie feststellen, dass fast alles jedes Mal wieder anders ist: das Wetter, das Licht auf den Häusern, die Gesichter der Menschen. Je mehr Aspekte Sie wahrnehmen, desto mehr leben Sie im Augenblick.

Nutzen Sie Wartezeiten – vor einer Ampel, beim Arzt –, um Neues wahrzunehmen. Sie werden feststellen, dass solche achtsamen Zwischenspiele Sie ruhiger und gefasster machen. Ein Anfängergeist kann Ihnen helfen, eine langsamere Gangart einzuschlagen und das Leben im gegenwärtigen Augenblick wahrzunehmen.

Jedes Mal wenn Sie nicht darüber nachdenken, wie das Leben sein sollte, und es stattdessen genießen, wie es ist, stärken Sie wichtige Verknüpfungen in Ihrem Gehirn. Jedes Mal wenn Sie mit Neugier und Interesse auf den Augenblick schauen, legen Sie neue Nervenbahnen an. Ein Anfängergeist kann Ihnen zu einem neuen Lebensgefühl verhelfen. Er macht das Leben aufregend und frisch und hält Sie jung und wissbegierig.

Indem Sie aktiv nach neuen Handlungsweisen suchen, praktizieren Sie eine achtsame und bewusste Lebensführung.

Wenn Sie anders handeln, beginnen Sie auch, anders zu denken. Und weil das neu ist, achten Sie mehr darauf, was wiederum bedeutet (und das ist wichtig zu wissen), dass diese neuen Aktivitäten ihrem Wesen nach achtsam sind.

> **»Wenn Sie etwas wirklich tun wollen, werden Sie schon einen Weg finden, wie Sie es anstellen können. Andernfalls finden Sie bestimmt eine Entschuldigung.«**
> *Jim Rohn*

Das alles klingt großartig, nicht wahr? Neue Arbeitsweisen ausprobieren, neue Menschen treffen und Musik mit anderen Ohren hören. Dennoch ist das oft schwieriger, als Sie vielleicht erwarten – häufig geben Menschen auf und fallen in ihre vertrauten Denk- und Verhaltensweisen zurück. Warum ist das so?

Die Tendenz, in die alten achtlosen Denkweisen zurückzufallen, ist in etwa so, als würden wir es vorziehen, uns entlang der Autobahnen und Schnellstraßen zu bewegen, anstatt den interessanteren, aber mühsameren Weg über die Dörfer zu nehmen. Unser Gehirn muss neue neuronale

Netze – Gedächtnispfade – bilden. Solange diese noch nicht »eingefahren« sind, ist die Versuchung groß, in die alten, bequemen Denk- und Verhaltensweisen zurückzufallen.

Wie also halten wir Veränderungen so lange aufrecht, bis sich die neue innere Einstellung nicht mehr wie harte Arbeit anfühlt, sondern zu einem automatischen Prozess geworden ist? Vielleicht hilft es Ihnen zu wissen, dass die Veränderung und Verankerung von Verhaltensweisen einer Studie zufolge in sieben Phasen verläuft.[4] Das gilt für jede Art von Verhaltensänderung, sei es, dass Sie das Rauchen aufgeben, die Joggingschuhe anziehen oder achtsam sein wollen.

Sieben Veränderungsphasen

1. Unbewusste Phase. In dieser ersten Phase ist Ihnen noch gar nicht bewusst, dass Sie Ihre Denk- oder Verhaltensweise verändern müssen oder können.

2. Erkenntnisphase. In dieser Phase wissen Sie bereits, dass die Dinge nicht so bleiben müssen, wie sie sind. Ihnen ist bewusst, dass eine Veränderung gewisse Vorteile mit sich bringen könnte, aber Sie sind sich nicht sicher, ob Sie die Veränderung meistern werden.

3. Vorbereitungsphase. Diese Phase kann einige Zeit in Anspruch nehmen und zum Beispiel aus folgenden Schritten bestehen:
- Sie suchen nach Anzeichen, die für eine Veränderung sprechen (beispielsweise: »Ich sorge mich zu sehr«).
- Sie wiegen die Vor- und Nachteile gegeneinander ab (»Es wird mich Zeit und Mühe kosten, aber ich werde mich anschließend ruhiger und sicherer fühlen«).

---

4 C. C. DiClemenet und J. O. Prochaska, »Self change and therapy change of smoking behavior – a comparison of processes of change in cessation and maintenance«, *Addictive Behaviors*, Bd. 7, Nr. 2, 1982, S. 133–142

- Sie suchen nach Ideen und nach Informationen zum angestrebten veränderten Verhalten (»Ich lese dieses Buch – das ist ein guter Anfang«).
- Sie entscheiden, ob der Zeitpunkt geeignet ist (»Jetzt ist der richtige Augenblick«).
- Sie wissen, was Sie tun müssen (»Dieses Buch wird es mir sagen«).
- Sie formulieren konkrete positive Ziele (»Ich will mich nicht mehr um Dinge sorgen, auf die ich keinen Einfluss habe«).

In dieser Phase haben Sie schon fest vor, gewisse Veränderungen vorzunehmen, aber vor allem suchen Sie nach Belegen dafür, dass eine Veränderung Ihres Verhaltens tatsächlich notwendig ist.

Sobald Sie wissen, was Sie tun müssen, und sich ein Bild vom möglichen Ergebnis machen können, sind Sie eher bereit, zur nächsten Phase vorzurücken und aktiv zu werden. Und wenn Sie das Gefühl haben, dass eine Veränderung Ihren Bedürfnissen, Fähigkeiten und Werten entspricht, fällt es Ihnen leichter, sich zu einer Verhaltensänderung zu entschließen.

In dieser Phase müssen Sie sich darüber klar werden, welche konkreten Aspekte Ihres Lebens / Ihrer Situation Sie verändern wollen.

Gegen den Wunsch, achtsamer zu werden, ist nichts einzuwenden – nun müssen Sie nur noch konkreter werden. So könnte eines Ihrer Ziele beispielsweise lauten: »Ich möchte mich nicht länger um Dinge sorgen, auf die ich keinen Einfluss habe.« Oder: »Ich will mich zu jeder Zeit auf eine Sache konzentrieren können.«

4. Handlungsphase. Das ist die Phase, in der Sie die Veränderungen tatsächlich umsetzen. Sie ersetzen eine Denk- und Verhaltensweise durch eine andere.

Die Handlungsphase erfordert Zeit und Mühe, kann aber, ausreichend Vorbereitung vorausgesetzt, eine spannende Zeit werden, an deren Ende neue Denk- und Verhaltensweisen stehen. Je nach den Zielen und Plänen, die Sie in der Vorbereitungsphase formuliert haben, kann die Handlungsphase in kleinen, graduellen Veränderungen bestehen oder eine komplette Lebensumstellung bedeuten.

5. Wartung. Nun arbeiten Sie daran, Ihre neuen Denk- und Verhaltensweisen beizubehalten. Sie wollen die alten Gewohnheiten und Denkmuster vermeiden und deswegen suchen Sie nach Möglichkeiten, wie Sie der Versuchung, in das achtlose Denken von einst zurückzufallen, widerstehen.

6. Abschluss. In dieser Phase haben Sie die neuen Denk- und Verhaltensweisen fest installiert. Sie haben erkannt, dass die einstigen problematischen Verhaltensweisen keine Option mehr sind. Während der Abendessensvorbereitung beispielsweise verzichten Sie jetzt darauf, E-Mails zu beantworten oder Twitter-Nachrichten zu versenden. Und wenn Ihr Kind oder Ihr Partner mit Ihnen über irgendetwas sprechen will, schenken Sie ihm Ihre volle Aufmerksamkeit.

Um unser Denken oder Verhalten erfolgreich zu verändern, müssen wir in der Regel der Reihe nach alle diese Phasen durchlaufen. Jede Phase dient als Vorbereitung auf die nächste, und wenn wir einzelne Phasen überstürzen oder auslassen, gefährden wir unter Umständen den Gesamterfolg unserer Bemühungen.

7. Fortschritt, Veränderung und Rückfall. Eines sollten Sie wissen: Mit den sieben Phasen der Veränderung ist auch die Möglichkeit verbunden, dass Sie Fehler machen und in Ihre alten Denk- und Verhaltensweisen zurückfallen. Das ist normal und keineswegs unerwartet. Indem Sie sich das klarmachen, vermeiden Sie, dass Ihre Entschlossenheit und Ihr Selbstvertrauen unter diesen Schwierigkeiten leiden.

Lassen Sie sich von einem Rückfall nicht entmutigen! Versuchen Sie stattdessen herauszufinden, warum es so gekommen ist. Was können Sie daraus lernen? Was werden Sie von jetzt an anders machen?

Wenn so ein Rückfall in die alten Verhaltens- und Denkweisen geschieht, ist es unwahrscheinlich, dass Sie wieder komplett bei null anfangen müssen. Das typische Muster ist vielmehr »zwei Schritte vor, ein Schritt zurück«: Sie machen Fortschritte und verlieren an Boden, lernen aus den Fehlern und nutzen das Gelernte, um wieder vorzurücken. An dieser Stelle hilft Ihnen der naive Ansatz, der Anfängergeist, der sie dazu bringt, sich immer wieder neuen Möglichkeiten gegenüber aufgeschlossen zu zeigen.

Es kann gut sein, dass Sie die Phasen der Veränderung mehrmals durchlaufen, bis Ihnen die neue Denk- und Verhaltensweise zur Gewohnheit geworden ist.

Geduld und Zuversicht sind Teil des Prozesses in Richtung Achtsamkeit. Bedenken Sie, dass die Dinge sich in ihrer eigenen Zeit entwickeln. Seien Sie geduldig und freundlich zu sich selbst. Begreifen Sie Schwierigkeiten nicht als Scheitern, sondern als Bestandteil des Veränderungsprozesses – als Gelegenheiten, um zu lernen, es das nächste Mal besser zu machen und Selbstvertrauen zu gewinnen. Das ist der Grund, warum wir so häufig von der »Praxis« der Achtsamkeit sprechen. Wir bekommen die Chance, sie immer wieder von Neuem zu praktizieren und die kleinen Veränderungen vorzunehmen, aus denen am Ende hilfreiche Gewohnheiten werden.

In diesem Kapitel ging es vor allem darum, wie wir bewusster wahrnehmen, was wir denken. Die Betonung liegt hier auf der Offenheit für neue Ideen und neue Handlungsweisen; auf der Bereitschaft, sich von wenig hilfreichen Denkweisen zu lösen und sich hilfreichere und achtsamere Denkweisen anzugewöhnen.

In Kapitel 3 werden wir den Schwerpunkt vom Denken aufs Fühlen verlagern. Sie werden sehen, dass Gedanken und Gefühle untrennbar miteinander verbunden sind – dass die bewusste Wahrnehmung der Gedanken die bewusste Wahrnehmung der Gefühle nach sich zieht. Sie werden feststellen, dass auch die Umkehrung gilt – wenn Sie Ihren Gefühlen mit mehr Achtsamkeit begegnen, sind Sie automatisch auch Ihren Gedanken gegenüber achtsamer.

3 Achtsames Denken und Fühlen

»Beginnen Sie Ihre eigene achtsame Meditation. Suchen Sie sich ein ruhiges Plätzchen und konzentrieren Sie sich auf den gegenwärtigen Augenblick. Denken Sie an nichts anderes und sitzen Sie still. Werden Sie sich Ihrer Gedanken bewusst, aber versuchen Sie, sich von ihnen zu lösen – hören Sie auf, über sie nachzudenken und sich auf sie zu konzentrieren. Beginnen Sie mit zehn Minuten und meditieren Sie täglich.«

Zehn Minuten? Ernsthaft?

Vielleicht haben Sie schon einmal zu meditieren versucht. Eventuell ist bei Ihnen der Eindruck entstanden, dass Sie sich nicht gut für Achtsamkeit eignen, weil es Ihnen nicht gelingt, Ihren Geist zu »leeren«. Es fühlt sich an, als ob Ihr Geist hierhin und dorthin springt und Sie sich ständig neu konzentrieren müssen. Ihr Geist kann sich aufführen wie ein junger Welpe. Sie sagen Ihrem Welpen, dass er sitzen und warten soll, aber er stöbert im Küchenabfalleimer, kaut an ihren neuen Schuhen und nässt auf den Teppich.

Ihr Geist ist eine Einheit für sich. Er lässt sich nicht so einfach in Schach halten. Er ist wie ein Fernseher, der Programm-Hopping betreibt oder zwischen den Kanälen hängen bleibt. Sie können die Fernbedienung nicht finden und so spielt Ihr Geist wie der Fernsehkanal dieselben Szenen immer wieder ab oder verweilt nur kurze Zeit bei einer Sache, bevor er zur nächsten weiterspringt. Wenn Sie Ihren Geist fokussieren können, haben Sie die Fernbedienung gefunden beziehungsweise Ihren Welpen erzogen.

Ihr Geist *wird* dennoch wandern. Das ist seine Natur. Er wird sich in Fallen verstricken, die ihn daran hindern, sich ganz auf die Gegenwart einzulassen; Denkfallen locken Sie in die Zukunft oder halten Sie in der Vergangenheit gefangen.

»Wie befreiend ist doch die Erkenntnis, dass ich nicht identisch
bin mit ›der Stimme in meinem Kopf‹. Aber wer bin ich dann?
Derjenige, der das sieht.«
Eckhart Tolle

Sie haben in Kapitel 2 bereits gelesen, dass derjenige, dem die Denkfallen
bewusst sind, bereits achtsam ist. Der nächste Schritt besteht darin, sich
von den Denkfallen frei zu machen. Versuchen Sie während dieses Prozesses Geduld zu bewahren und nicht schlecht über sich zu urteilen, auch
wenn immer neue Denkfallen auftauchen.

Als ich vor Kurzem mit einer Freundin über Achtsamkeit sprach, erzählte
sie mir: »Ich habe gelernt zu akzeptieren, dass es Gelegenheiten gibt, bei
denen mein Geist eher geneigt ist, umherzuschweifen und sich gefangen
nehmen zu lassen. Manchmal wenn ich meinen Geist beim Umherschwei-
fen erwische, lenke ich ihn einfach wieder zurück auf das, was gerade geschieht. Und mir wird klar: Das sind die Momente, die mir Gelegenheit
bieten, das Innehalten zu praktizieren und in allem, was um mich herum
geschieht, gegenwärtig zu sein.«

»Dreh dein Gesicht zur Sonne, und die Schatten
fallen hinter dich.«
Maorisches Sprichwort

Erkennen Sie Ihre Gefühle

Sämtliche Denkfallen – Schuldzuweisungen, voreiliges Schlussfolgern,
Tunneldenken und so weiter – gehen mit bestimmten Emotionen einher,
wie zum Beispiel Sorge, Angst, Wut, Schuld oder Furcht.

Was haben Emotionen mit Achtsamkeit zu tun? Zuerst wollen wir klären,
was Emotionen überhaupt sind. Die meisten Menschen würden Emotionen und Gefühle in einen Topf werfen. In Wahrheit sind Gefühle nur *ein*
Aspekt einer Emotion. Eine Emotion (jede Emotion) hat drei Aspekte:

Gedanken, Verhalten und Gefühle. Diese Gedanken, Verhaltensweisen und körperlichen Gefühle *interagieren* miteinander und bilden gemeinsam die Emotion.

Der Verhaltensaspekt: Dieser Teil der Emotion ist ihre äußerliche Erscheinungsform – was Sie tun oder nicht tun, wenn Sie unter dem Eindruck dieser Emotion stehen. Wenn Sie beispielsweise Sorge haben, Ihren Job zu verlieren, könnte die Handlung darin bestehen, dass Sie sich Rat bei der Gewerkschaft holen oder Pläne für eine selbstständige Tätigkeit entwerfen. Genauso gut kann die Sorge sich auch lähmend auswirken, sodass Sie am Ende gar nichts tun!

Der kognitive Aspekt: Dieser Aspekt der Emotion umfasst Ihre Gedanken. Er ist der innere Teil der Emotion, ihr bewusster, subjektiver Aspekt. Wenn Sie Sorge haben, Ihren Job zu verlieren, denken Sie möglicherweise:»Ich werde nie wieder einen Job bekommen.« Oder Sie denken:»Großartig. Ich werde mich weiterbilden und dann etwas ganz anderes anfangen.«

Der körperliche Aspekt: Dieser Teil der Emotion betrifft die physischen Veränderungen, die sich in Ihrem Körper abspielen, wenn Sie eine Emotion erleben. Wenn Sie beispielsweise ängstlich, besorgt oder aufgeregt sind, schüttet Ihr Körper Adrenalin aus. Wenn Sie entspannt und glücklich sind, setzt er Serotonin frei. Je nachdem, was Sie über den Jobverlust denken und was das in Ihnen auslöst, wird Ihr Körper eine andere physische Reaktion zeigen.

Es gibt keine spezielle Reihenfolge, in der sich die verschiedenen Aspekte einer Emotion bemerkbar machen, aber sie können sich gegenseitig beeinflussen. So kann sich beispielsweise das, was Sie denken, auf Ihre körperliche Reaktion auswirken. Sie verhalten sich dann möglicherweise auch anders. Andersherum kann auch Ihr Verhalten Ihr Denken beeinflussen, das wiederum in Ihrer körperlichen Reaktion seinen Ausdruck findet.

Seien Sie achtsam in Bezug auf Ihre Emotionen

Wenn Sie das nächste Mal eine Emotion erleben – wie beispielsweise Wut, Freude, Scham oder Stolz –, sollten Sie versuchen, ihre verschiedenen Bestandteile zu identifizieren.

Sie können damit beginnen, sich sämtliche körperlichen Anzeichen und Empfindungen bewusst zu machen: Wo scheint das Gefühl angesiedelt zu sein? Ein beschleunigter Herzschlag, eine Hitzewallung, Schweiß, verspannte Muskeln, ein Knoten im Magen, ein Frösteln: Alle diese Veränderungen verstärken die Emotion. Mit etwas Übung können Sie lernen, diese Anzeichen bewusst wahrzunehmen.

Als Nächstes beobachten Sie Ihre Gedanken. Wenn Sie sich beispielsweise schuldig fühlen, was denken Sie dann? Was für Gedanken löst ein Gefühl der Dankbarkeit in Ihnen aus?

Und zuletzt machen Sie sich Ihr Verhalten bewusst. Was tun Sie nicht? Was tun Sie? Welche Schritte unternehmen Sie?

Diese Übung allein ist schon Ausdruck von Achtsamkeit. Sie entwickeln dabei nicht nur ein stärkeres Bewusstsein für Ihre Emotionen, sondern erkennen auch besser, wie die verschiedenen Teile einer Emotion ineinandergreifen, wie sie interagieren und wie sie Sie beeinflussen.

Je bewusster Sie sich Ihrer Emotionen sind, desto besser können Sie sich aus den Denkfallen befreien – jenen Reaktionen, die Ihnen zur Gewohnheit geworden sind und Ihren Normalzustand beschreiben.

Alle Emotionen sind positiv

Es scheint naheliegend, zwischen positiven und negativen Emotionen zu unterscheiden. In Wahrheit aber erfüllen *sämtliche* Emotionen einen positiven physischen und zwischenmenschlichen Zweck.

Der körperliche Sicherheitswert von Emotionen: Erstens schützen Emotionen Sie und dienen Ihrer Sicherheit. Emotionen ermöglichen es Ihnen, in Situationen, in denen das rationale Denken zu langsam ist, rasch genug zu reagieren. In einer potenziell gefährlichen Situation müssen Sie schnell reagieren, und Emotionen wie Furcht oder Überraschung helfen Ihnen dabei.

Der zwischenmenschliche Wert von Emotionen: Zwischenmenschliche Emotionen wie Vertrauen, Dankbarkeit und Liebe ermöglichen es Ihnen, sich anderen Menschen emotional verbunden zu fühlen – zu spüren, dass Sie angenommen, wertgeschätzt, gebraucht und betreut werden und dass Sie irgendwo dazugehören. Dass man Sie versteht, respektiert und unterstützt und dass man Ihnen gegebenenfalls verzeiht.

Emotionen wie Schuld, Scham, Verlegenheit und Stolz helfen Ihnen, über Ihr Verhalten und Ihre Beziehung zu anderen Menschen nachzudenken. Vertrauen beispielsweise mündet in der Bereitschaft zu teilen und zu kooperieren. Schuldgefühle verleiten Sie dazu, Dinge wiedergutzumachen, die Sie hätten tun oder nicht hätten tun sollen.

Kreativität und Selbstverwirklichung

Emotionen dienen nicht nur dem körperlichen Schutz und der Verbesserung zwischenmenschlicher Beziehungen – sie tragen auch Ihren kreativen Bedürfnissen Rechnung. Emotionen können Ihren Erlebnishorizont erweitern oder einengen; sie bieten Fokus und Vielfalt.

Es besteht ein enger Zusammenhang zwischen emotionalem Erleben und Kreativität. Kunst, Musik und Literatur beispielsweise können Emotionen auslösen und eine emotionale Verbindung zwischen der Kunst, Musik oder Literatur und dem Betrachter, Zuhörer oder Leser schaffen. Denken Sie beispielsweise daran, wie Musik in Filmen verwendet wird, um Freude, Triumph, Trauer oder Angst auszulösen.

Häufig fällt uns der achtsame Umgang mit Emotionen deshalb so schwer, weil wir gelernt haben, sie negativ zu sehen – als etwas, was es zu vermeiden, zu ignorieren oder zu unterdrücken gilt. Aber wenn Sie ein klareres Verständnis von Emotionen haben – was sie sind, warum wir sie haben und woher sie kommen –, fällt es Ihnen möglicherweise leichter, achtsam mit diesen Emotionen umzugehen, sie zu akzeptieren und ihre Botschaften an sich heranzulassen.

>>Die Vergangenheit ist so ein großer Ort.<<
Neil Young

Vergangene, gegenwärtige und zukünftige Emotionen

Eine andere Möglichkeit, Emotionen zu verstehen, ergibt sich aus dem Wissen, dass sie Reaktionen auf etwas sind, was in der Vergangenheit geschah, in der Gegenwart geschieht oder möglicherweise in der Zukunft geschehen wird.

Ekel beispielsweise kann eine Reaktion auf etwas sein, was sich gerade jetzt abspielt. Dankbarkeit ist, auch wenn wir sie in der Gegenwart empfinden, eine Reaktion auf etwas, was in der Vergangenheit – vor einer Stunde, gestern, vor einer Woche oder sogar vor einem Jahr – geschah. Scham, Reue und Verlegenheit sind ebenfalls Reaktionen auf vergangene Ereignisse. Sie alle können sich auf Ihr gegenwärtiges Denken und Verhalten auswirken.

Hoffnung, Optimismus und Aufregung wiederum sind Emotionen, die wir in der Gegenwart empfinden, die sich jedoch auf etwas beziehen, was sich in der Zukunft – morgen, nächste Woche oder nächsten Monat – ereignen wird. Angst, Furcht und Vergeltungsdrang sind ebenfalls Reaktionen auf zukünftige Möglichkeiten. Wie die Emotionen, die aus der Vergangenheit kommen, beeinflussen auch Emotionen, die sich auf die Zukunft beziehen, unser Denken und Verhalten in der Gegenwart.

In dem Augenblick, in dem Sie beginnen, über eine Erfahrung nachzudenken, bewegen Sie sich weg von der Gegenwart in Richtung Vergangenheit. Mit Überlegungen zur Zukunft verhält es sich ebenso. Emotionen lassen sich demnach als ein Verlassen der Gegenwart verstehen, auch wenn sie stets in der Gegenwart *erfahren* werden.

Emotionen sind vorübergehend und kurzlebig. Wenn Sie sich einer Emotion und ihrer Botschaft bewusst sind, sind Sie achtsam. Häufig jedoch verfangen wir uns in unseren Emotionen. Anstatt ihnen zu lauschen und uns von ihnen leiten zu lassen, lassen wir es zu, dass sie uns überwältigen und in die Vergangenheit oder in die Zukunft ziehen.

Traurigkeit beispielsweise ist der verinnerlichte Ausdruck einer Emotion, die von Gefühlen des Verlustes und der Hilflosigkeit gekennzeichnet ist. Der positive Zweck der Traurigkeit liegt darin, dass sie uns dazu bringt, das Tempo zu drosseln und uns mit dem Verlust abzufinden. Aber Traurigkeit wird zum Problem, wenn wir uns von ihr in eine Abwärtsspirale ziehen lassen, die in eine Depression münden kann.

Furcht hilft uns, bedrohliche Situationen zu meistern, in denen wir uns unvermittelt wiederfinden – Flucht oder Kampf. Aber Furcht ist ein Problem, wenn wir uns von ihr gefangen nehmen lassen – der ständige Kampf- oder Fluchtimpuls erzeugt Stress und Angst.

Schuldgefühle haben wir dann, wenn uns bewusst wird, dass wir etwas Falsches getan haben oder tun; sie bringen uns dazu, sofort etwas zu unternehmen und den Fehler zu korrigieren. Schuldgefühle werden zum Problem, wenn eine solche Korrektur nicht möglich ist und wir nur immer wieder in Gedanken zu dem zurückkehren, was wir getan oder zu tun versäumt haben; wir sind dann in der Vergangenheit gefangen.

Emotionen dienen also als rasche, kurze Botschaften, die uns zu hilfreichen Reaktionen motivieren sollen. Aber wenn Emotionen unseren Geist dominieren, halten sie uns in der Vergangenheit oder Zukunft gefangen.

Akzeptieren Sie Ihre Emotionen

Wie stellen Sie es nun an, dass Sie nicht länger von Ihren Emotionen in der Vergangenheit oder der Zukunft gefangen gehalten werden? Indem Sie beginnen, Ihre Emotionen zu akzeptieren!

Um das zu erreichen, ist es nicht nötig zu analysieren, was, wie und warum Sie fühlen, wie Sie fühlen. Sie sollten lediglich wissen, dass Sie diese Gefühle haben, unabhängig von den Gründen.

Angenommen, Sie empfinden gerade eine Enttäuschung – eine Freundin hat (mal wieder) im letzten Moment abgesagt. Sie ärgern sich darüber; sie sind frustriert und fühlen sich schlecht behandelt. Sie sehen Ihre Freundin als die aktive »Schuldige« für Ihre Missstimmung.

Anstatt Ihrer Freundin die Schuld für Ihre Gefühle zu geben, sollten Sie sich den Gefallen tun, Ihre eigenen Gefühle zu akzeptieren und zu sich selbst zu sagen: »Ich wurde versetzt. Da ist es normal und natürlich, dass ich enttäuscht und frustriert bin. Solche Gefühle sind völlig okay.« Indem Sie sich eine Emotion bewusst machen und sie beobachten, verhindern Sie, dass Sie von ihr überwältigt werden.

Praktizieren Sie Achtsamkeit, um nicht innerlich hin und her geworfen zu werden; indem Sie die Gedanken und Gefühle wahrnehmen und akzeptieren, verankern Sie sich wieder im gegenwärtigen Augenblick.

Eine Emotion akzeptieren heißt zulassen, dass sie da ist – ohne den Versuch, das Gefühl, das Erlebnis oder das ursächliche Ereignis zu ändern. Was immer Sie fühlen – wenn Sie es akzeptieren, vermeiden Sie unnötiges Leid.

Es ist, wie es ist.

Akzeptanz verstehen

Ich verwende häufig die folgende Analogie, um das Konzept der Akzeptanz zu erklären.

Stellen Sie sich diese Situation vor: Sie verlieren Ihre Schlüssel und Ihr Mobiltelefon. Sie sind sicher, dass sie irgendwo im Haus sein müssen, und so beginnen Sie zu suchen. Ohne Erfolg. Sie schauen im Auto nach – vielleicht sind Schlüssel und Telefon aus Ihrer Tasche unter den Sitz gefallen. Aber auch dort sind sie nicht.

Sie sind immer frustrierter. Sie können nicht glauben, dass Sie die Sachen verlegt haben. Sie rufen Ihren Partner an. Hat er Schlüssel und Telefon gesehen? Nein. Frustriert und verwirrt fahren Sie zur Arbeit.

Sie können sich einfach nicht damit abfinden, dass Sie sowohl Ihre Schlüssel als auch Ihr Telefon verloren haben könnten. Wie? Wo? Wurden sie vielleicht gestohlen? Noch dazu ist es das zweite Telefon, das Ihnen binnen weniger Monate abhandengekommen ist.

Am Abend suchen Sie erneut, aber wieder ohne Erfolg. Wie viel wird mich ein neues Telefon kosten? Wo kann ich mir schnellstmöglich neue Schlüssel anfertigen lassen?

Am nächsten Tag denken Sie nicht länger darüber nach, was hätte sein können, und konzentrieren sich stattdessen auf das, was Sie jetzt gerade tun. Sie lassen sich neue Schlüssel machen und kaufen ein neues Telefon, wobei Sie denken: »Etwas Gutes hat die Geschichte: Ich bekomme das aktuellste Modell!«

In diesem Beispiel wird deutlich, dass die Akzeptanz in dem Moment einsetzt, in dem Sie sich zum Handeln entschließen. Sobald Sie sich neue Schlüssel machen lassen und ein neues Telefon kaufen, haben Sie die Situation wieder im Griff – Sie bewegen sich in Richtung Akzeptanz.

Akzeptanz kann schwierig sein, wenn Sie ständig in der Vergangenheit verweilen oder sich wegen der Zukunft sorgen. Aber die Vergangenheit liegt hinter ihnen und die Zukunft ist noch nicht da. Zwischen Vergangenheit und Zukunft existiert der gegenwärtige Augenblick und Akzeptanz spielt sich in der Gegenwart ab.

Sobald Sie beginnen, die Dinge so zu akzeptieren, wie sie jetzt gerade sind, können Sie sich neue Möglichkeiten erschließen, die zuvor scheinbar nicht existierten.

Akzeptanz heißt nicht, dass Ihnen das, was geschieht, gefallen muss. Akzeptanz setzt ein Gespür für die Wirklichkeit voraus, die Fähigkeit, die Situation und die Umstände so hinzunehmen, wie sie gerade jetzt sind, anstatt immer nur zu überlegen, wie Sie sich diese Umstände wünschen würden oder wie sie hätten sein sollen.

Wenn Sie sich das nächste Mal in einer Situation befinden, die in Ihnen eine Emotion wachruft, sollten Sie versuchen, diese Emotion zu identifizieren. Können Sie der erlebten Emotion einen Namen geben? Ist es Frustration? Eifersucht? Scham? Anstatt zu denken: »Das ist nicht fair«, würde eine achtsame Beobachtung vielleicht lauten: »Hm, ich fühle mich frustriert und wütend.« Oder: »Ich fühle mich ausgeschlossen.« Betrachten Sie die Emotion als das, was sie ist – bewerten Sie sie nicht und versuchen Sie nicht, sie loszuwerden.

Anstatt zwischen guten und schlechten Emotionen zu unterscheiden (eine weitere Denkfalle), sollten Sie sie einfach spüren und beobachten. Das ist etwas anderes, als sie zu leugnen, sie zu kontrollieren zu versuchen oder Ihre Gefühle zu unterbinden; Sie treten einfach für einen Moment einen Schritt zurück und betrachten Ihre Emotion aus der Distanz wie eine von Ihnen losgelöste Einheit.

Indem Sie Ihre Emotionen akzeptieren, gelingt es Ihnen besser, den Unterschied zwischen neutraler Beobachtung und emotionaler Beteiligung zu erkennen; Sie wissen schlicht, dass Sie so fühlen; die Emotion tritt an die Oberfläche.

Je weniger Sie sich dem emotionalen Geschehen in Ihrem Inneren widersetzen, desto mehr Gelegenheit haben Sie, für das Erlebnis offen und ganz im Hier und Jetzt zu sein und zu erkennen, was sich möglicherweise unter der Oberfläche abspielt. Sie beobachten, was die Emotion Ihnen sagen will, und reagieren darauf mit mehr Achtsamkeit.

Indem Sie eine Emotion akzeptieren, erhöhen Sie die Wahrscheinlichkeit, dass Sie die Intention hinter der Emotion verstehen. Achtsamkeit hilft Ihnen, die von den Emotionen kommunizierten Botschaften zu empfangen und darauf zu reagieren. Wenn Sie wahrnehmen und akzeptieren, was Sie im Zusammenhang mit einer konkreten Situation fühlen und denken, können Sie achtsamer reagieren.

Es ist jedoch wichtig zu wissen, dass das Akzeptieren seine Zeit braucht – mag es wie im Fall der verlorenen Schlüssel um einen oder zwei Tage gehen oder um Monate, wenn es sich um etwas Ernsteres handelt. Es ist Teil eines Prozesses, der mit Gefühlen wie Ablehnung, Weigerung, Widerstand, Furcht, Reue oder Schuld einhergehen kann.

Bedenken Sie also: *Sämtliche* Emotionen haben einen positiven Sinn; es sind rasche Kurznachrichten, die Sie dazu verleiten sollen, auf hilfreiche Weise zu reagieren.

Das hat viel mit Intuition zu tun – der Erkenntnis, die aus dem unmittelbaren Verstehen von etwas resultiert, was sich gerade jetzt, in diesem Augenblick, abspielt.

Schalten Sie Ihre Intuition ein

An der Intuition ist nichts Geheimnisvolles; Intuition heißt schlicht, dass Sie die Informationen, die Ihre Sinne Ihnen übermitteln, wahrnehmen; dass Sie registrieren, was Ohren, Augen, Nase, Geschmacksinn, Tastsinn und Körperempfindungen Ihnen mitteilen.

Jeder Mensch besitzt Intuition, aber häufig geht sie unter in all dem Lärm und all den Aktivitäten, die sich um Sie herum abspielen. Hier kann Achtsamkeit helfen.

Die Fähigkeit, die feinen Signale der Intuition wahrzunehmen, setzt Achtsamkeit voraus; Achtsamkeit gegenüber Gedanken, Körperempfindungen und emotionalen Reaktionen gehört unbedingt dazu, wenn es um das Erkennen und Beachten dieser Signale geht. Aber intuitive Botschaften sind häufig prägnant und kurz, sodass wir sie allzu leicht übersehen oder zu schnell interpretieren. Hier sind einige Tipps, wie Sie Ihre Intuition weiterentwickeln können:

Anfängergeist: Ihr Geist und Ihr Körper empfangen ständig Informationen aus der Welt um Sie herum. Wenn Sie die Fähigkeit entwickeln können, in jeder beliebigen Situation neue Dinge zu bemerken, dann werden Sie es erkennen, wenn etwas deutlich fehl am Platz oder ungewöhnlich ist. Ihre Intuition wird Ihnen einen warnenden Hinweis geben.

Hören Sie auf Ihren Körper: Ihr Körper vermittelt Ihnen Informationen, von denen Sie möglicherweise wenig Notiz nehmen. Aber wenn Sie die Botschaft ignorieren, entgehen Ihnen wertvolle Informationen, denen Sie entnehmen könnten, was gut für Sie ist und was nicht.

Wenn Sie in alltäglichen Situationen achtsam gegenüber Ihren Gefühlen sind – wenn sich beispielsweise irgendetwas nicht richtig anfühlt oder Sie sich bei etwas nicht sicher sind –, erhöhen Sie die Wahrscheinlichkeit, dass Ihr Körper Sie vor etwas warnt. Wie fühlt es sich beispielsweise für Sie an, wenn Sie sich bereit erklären, etwas zu tun, was Sie in Wirklichkeit nicht tun möchten? Ist es ein mulmiges Gefühl? Fühlen Sie sich angespannt? Achten Sie auf diese Gefühle.

Achten Sie auf die Gefühle, Bilder und Worte, die Ihnen durch den Kopf gehen: Gefühle des Unbehagens könnten Sie auf mögliche Probleme hinweisen. Ihre innere Stimme sagt Ihnen: »Das ist nicht richtig«, und unangenehme mentale Bilder spielen auch eine Rolle bei der Art und Weise, wie Ihre Intuition zu Ihnen spricht.

Indem Sie sich Ihrer Emotionen und Gefühle täglich bewusster werden, sind Sie gut vorbereitet, wenn wichtige Nachrichten zu Ihnen durchdringen müssen. Achten Sie also darauf!

Ignorieren Sie Ablenkungen: Konzentrieren Sie sich. Sobald Sie ein Gefühl des Unbehagens wahrnehmen, sollten Sie aufpassen, dass nichts anderes Ihre Aufmerksamkeit auf sich zieht. Hören Sie auf Ihre Intuition – das ist so wie das Einstellen eines Radiosenders. Sie können ja auch nicht mehrere Sender gleichzeitig hören; Sie können lediglich einen Sender sauber einstellen und dann konzentriert lauschen.

Kombinieren Sie Signale: Achten Sie stets auf *alle* Botschaften, die Ihre Intuition Ihnen übermittelt. Anstatt lediglich ein einziges Signal zu interpretieren (es sei denn, es ist übermächtig – wenn es beispielsweise stark nach Gas oder Rauch riecht, jemand stockbetrunken ist, sich mehr als eine Person in Ihrem Umfeld verdächtig verhält und so weiter), sollten Sie auf eine *Kombination* von Signalen achten. Wenn mehrere Signale dicht zusammen auftreten, spricht das für eine zusammenhängende Botschaft. Wenn die Informationen, die Sie auf den verschiedenen Sinneskanälen empfangen, alle in dieselbe Richtung gehen, dringt Ihre Intuition laut und klar durch. Achten Sie also auf Situationen, in denen mehrere Zeichen dasselbe zu »sagen« scheinen.

Achtsames Hinhören

Ein wichtiger Teil der Intuition und der Achtsamkeit ist die Fähigkeit zuzuhören.

Wann haben Sie zuletzt aktiv den Klängen und Geräuschen um Sie herum gelauscht, anstatt sie lediglich zu »hören«? Hinhören ist nicht dasselbe wie hören. Hören ist die Fähigkeit, Klänge *wahrzunehmen*. Es ist eine *passive* Erfahrung. Hinhören hingegen ist das *bewusste* Aufnehmen des Klangs; hinhören ist eine aktive Erfahrung.

Die meiste Zeit über sind wir von einer Vielzahl von Geräuschen umgeben, von denen die wenigsten bis in unser Bewusstsein dringen. So wie die Geräusche in unserem Kopf bleiben auch äußere Geräusche häufig im Hintergrund und bilden die Kulisse unseres Lebens.

Halten Sie inne und registrieren Sie jetzt sofort einige der Geräusche um Sie herum – vorbeifahrende Autos, ein Flugzeug über den Dächern, jemand, der im Nebenraum spricht, ein Vogel im Freien. Oder lauschen Sie einfach nur Ihrem Atem.

Lassen Sie sich von dem, was Sie hören, im gegenwärtigen Augenblick, im Jetzt verankern. Sie müssen das Gehörte weder bewerten noch analysieren; hören Sie einfach nur hin. Verweilen Sie bei den Klängen. Es geht hier nur darum, im »Hier und Jetzt« zu sein, und um nichts anderes. Diese einfache Übung im achtsamen Hinhören kann Ihr Bewusstsein für eine ganz neue Stufe der Stille in Ihrem Inneren öffnen.

Indem Sie Ihre Fähigkeit zur bewussten Wahrnehmung durch achtsames Hinhören entwickeln, werden Sie empfänglicher für Gedanken, Erfahrungen und Geschehnisse, die sich im gegenwärtigen Augenblick abspielen.

Gleichzeitig wird es Ihnen leichter fallen, mit anderen Menschen zu interagieren – Missverständnisse zu vermeiden und Einfühlungsvermögen zu entwickeln. In Teil 2 werden wir das achtsame Hinhören unter die Lupe nehmen und sehen, wie es uns hilft, Situationen mit anderen Menschen effektiver zu meistern.

Bislang haben wir uns mit achtsamem Denken und Fühlen beschäftigt; Sie haben gelernt, wie Sie Ihre Gedanken und Gefühle bewusster wahrnehmen und akzeptieren können. Sie sind jetzt mit dem Konzept des Anfängergeistes vertraut und wissen, wie wichtig es ist, sich von Überzeugungen und Schlussfolgerungen aus der Vergangenheit frei zu machen, um sich für neue Möglichkeiten zu öffnen.

In Kapitel 4 widmen wir uns der Achtsamkeit gegenüber dem, was wir *tun*.

4 Achtsam handeln

Unser Leben besteht aus unseren Gedanken, Gefühlen und Verhaltensweisen. Den ganzen Tag über denken, fühlen und handeln wir. Meistens tun wir alle drei Dinge zugleich!

Bislang haben wir uns auf Achtsamkeit in Bezug auf Gedanken und Gefühle konzentriert. Ein weiterer Teil der Achtsamkeit betrifft das, was wir tun – unsere Handlungen und Verhaltensweisen.

Ein guter Ausgangspunkt für dieses Thema ist unsere Atmung. Das überrascht Sie vielleicht, aber das bewusste Atmen ist deshalb eine so effektive Achtsamkeitstechnik, weil hier Gedanken, Gefühle und Verhalten ineinandergreifen. Indem Sie bewusst atmen – also den körperlichen Aspekt abdecken –, gewinnen Sie auch einen bewussten Zugang zu Ihren Gedanken und Gefühlen.

Probieren Sie es aus.

ÜBUNG: ACHTSAMES ATMEN

- Halten Sie den Atem fünf Sekunden lang an (um Ihren Atem zu »resetten«).

- Atmen Sie langsam ein und atmen Sie anschließend *noch langsamer* wieder aus, falls nötig, indem Sie sagen: »Ich atme ein. Ich atme aus.«

- Fahren Sie damit fort und machen Sie sich bewusst, dass es das *Ausatmen* ist, das alles verlangsamt.

- Achten Sie beim nächsten Atemzyklus bewusst darauf, wie sich Ihre Brust und / oder Ihre Bauchdecke beim Einatmen hebt, und auf das Gefühl in den Nasenflügeln beim Ausatmen.

Atmen kann Ihnen helfen, alles zu verlangsamen, es führt Sie in den gegenwärtigen Augenblick und gibt Ihnen die Chance, sich dessen bewusst zu werden, was Sie denken und fühlen und was Sie tun oder tun werden.

Mehr zur Atmung

Die bewusste Wahrnehmung der eigenen Atmung ist etwas, was Sie überall und jederzeit praktizieren können, um Ihre Achtsamkeit zu erhöhen.

Es gibt mehrere Möglichkeiten, sich auf die eigene Atmung zu konzentrieren. Beginnen Sie beispielsweise damit, sich bewusst zu machen, dass Ihre Atemzüge wie die Wellen des Ozeans kommen und gehen. Jedes Mal wenn Sie ausatmen, können Sie Ihre Gedanken zur Vergangenheit und Zukunft loslassen. Konzentrieren Sie sich einfach nur auf die einströmende Luft ... und auf die ausströmende Luft. Sicherlich werden Sie bemerken, wie sich während des Atmens Gedanken einstellen – Gedanken darüber, was Sie morgen tun müssen, oder über etwas, was letzte Woche geschehen ist. Die Gedanken können angenehm oder unangenehm sein; versuchen Sie jedoch nicht, sie zu verdrängen, sondern erlauben Sie ihnen zu kommen und zu gehen, ohne Wertung und ohne das Gefühl, Sie müssten ihnen Aufmerksamkeit zollen.

Wenn Ihre Gedanken die Oberhand über Sie gewinnen, kehren Sie einfach zu Ihrem Atem zurück, der Sie, weil er stets im Hier und Jetzt stattfindet, in die Gegenwart zurückführt. Mit achtsamer Atmung leben Sie im Augenblick. Es gibt nichts, was als Nächstes passiert. Das ist es. Sie sind schon da. Die Konzentration auf die Atmung bietet eine gute Möglichkeit, um sich auf das Jetzt auszurichten – nicht weil die Atmung selbst irgendeine magische Eigenschaft besäße, sondern weil sie stets bei Ihnen ist.

Es gibt eine Reihe von Möglichkeiten, wie Sie die achtsame Atmung praktizieren können. Hier sind drei weitere.

1. Farbe atmen: Schließen Sie Ihre Augen. Holen Sie dann langsam und tief Atem. Vielleicht gefällt es Ihnen, sich die Farbe der Luft vorzustellen, die nicht nur Ihre Lungen, sondern Ihren gesamten Körper füllt. Stellen Sie sich vor, wie diese Farbe (vielleicht ein pulsierendes Blau oder ein grelles Rot?) durch Ihren Körper läuft.

Sehen Sie zu, wie die Farbe Ihres Atems sich auf der Rückseite Ihrer Beine bis zu den Fußsohlen und vorne an den Beinen wieder nach oben ausbreitet. Spüren Sie, wie sie in Ihren Rumpf eindringt und entlang der Wirbelsäule nach oben steigt, wo sie in beide Arme, um beide Handrücken, über beide Handflächen und entlang der Arme zurück zu Ihrem Hals fließt.

2. Atmen und dabei die Hände ausschütteln: Atmen Sie ein und zählen Sie dabei bis fünf. Blasen Sie die Luft anschließend in fünf oder sechs raschen Schüben wieder aus und schnaufen Sie dabei, während Sie so tun, als schüttelten Sie Wasser von Ihren nassen Händen. Wiederholen Sie die Übung, so oft Sie wollen.

3. Alternierende Nasenflügelatmung: Halten Sie sich ein Nasenloch mit dem Finger zu. Atmen Sie durch das geöffnete Nasenloch rund fünf Sekunden lang ein, halten Sie sich dann dieses Nasenloch zu und atmen Sie durch das andere langsam wieder aus. Wiederholen Sie die Übung mit wechselnden Seiten. Versuchen Sie, so lange wie möglich auszuatmen.

Achtsames Atmen ist wie ein Reset-Knopf. Durch das Drücken dieses Knopfs können Sie jederzeit, wenn Sie das Bedürfnis verspüren, wieder zum gegenwärtigen Augenblick zurückkehren. Für welche Atemtechnik Sie sich entscheiden, ist letztlich egal – wichtig ist nur, dass Sie überhaupt daran denken, eine davon zu verwenden!

Allein schon dadurch, dass Sie sich auf die Atmung konzentrieren, lenken Sie Ihre Aufmerksamkeit nach innen auf den gegenwärtigen Augenblick, statt Ihren Geist zurück in die Vergangenheit oder voraus in die Zukunft ziehen zu lassen.

Versuchen Sie, das achtsame Atmen regelmäßig zu praktizieren. Tun Sie jeden Tag einige Minuten lang nichts. Das kann morgens vor dem Anziehen oder abends vor dem Zubettgehen sein. Vielleicht finden Sie auch Zeit (und einen Ort) während der Mittagspause. Sitzen Sie schweigend. Nehmen Sie Ihre Gedanken wahr. Gewöhnen Sie sich an das Schweigen und an die Stille. Es wird Ihnen ungemein wohltun und kostet Sie nur wenige Minuten!

Schreiben Sie das Wort »Atmen« auf eine Haftnotiz. Kleben Sie den Zettel an Ihren Computer, neben Ihr Telefon oder an Ihren Kühlschrank, damit Sie nicht vergessen, langsamer zu werden, zu atmen und sich in den Augenblick zurückzubegeben.

Auch während Sie achtsames Atmen praktizieren, werden sich die einen oder anderen Gedanken einstellen. Erinnerungen an die Vergangenheit, die Probleme der Welt, Sorgen und Hoffnungen für die Zukunft werden Sie ablenken. Das ist normal. Verzichten Sie auf jede Wertung. Nehmen Sie schlicht zur Kenntnis, dass Ihr Geist abschweift, und bringen Sie ihn zurück in die Gegenwart. Achtsamkeitsübungen können Ihnen helfen, diese Ablenkungen zu meistern.

ÜBUNG: DIE PARKBANK

Stellen Sie sich vor, Sie sitzen auf einer Parkbank. Sie bemerken, wie Menschen an Ihnen vorbeiziehen. In der Ferne können Sie eine Gruppe von Teenagern auf ihren Skateboards sehen. Eine Frau kommt mit ihrem kleinen Hund vorbei, dann ein kleines, tapsiges Kind, gefolgt von seinem Vater. Sie bemerken ihr Erscheinen und ihr Aussehen. Sie beobachten ihr Verhalten. Solange sie sich in Ihrem Blickfeld befinden, widmen Sie ihnen Ihre Aufmerksamkeit.

Sie denken nicht darüber nach, was sie anhaben, Sie urteilen nicht über das, was sie tun oder wie sie sich verhalten.

Sie verspüren auch nicht das Bedürfnis, jemanden zu sich zu bitten, um sich mit ihm zu unterhalten. Ebenso wenig haben Sie das Bedürfnis, von Ihrer Bank aufzustehen und sich zu jemand anderem zu gesellen. Ihr Kontakt mit anderen Menschen beschränkt sich darauf, dass Sie sie von Ihrem Platz aus beobachten.   »»

Wenn sie sich aus Ihrem Blickfeld hinausbewegen, lassen Sie sie los und wenden Ihre Aufmerksamkeit dem nächsten Passanten zu.

Diese Parkbankerfahrung ist vergleichbar mit einer Übung, die Sie mit Ihren Gedanken, Gefühlen, Körperempfindungen und Beobachtungen anstellen können.

Stellen Sie sich vor, die Menschen im Park wären Ihre Gedanken. Sie können sich gestatten, die eigenen Gedanken, Gefühle und Empfindungen und Ihre Umgebung wahrzunehmen. Der Gedanke, das Gefühl oder die Empfindung, die sich Ihnen gerade präsentiert, entspricht dem Menschen, der sich auf Höhe Ihrer Parkbank befindet und den Sie wahrnehmen, solange er sich dort aufhält, um ihn anschließend wieder loszulassen. Sie brauchen sich an keinen Gedanken, kein Gefühl und keine Empfindung zu klammern. Sie sind lediglich Beobachter. Sie registrieren, was in Ihrem Wahrnehmungsfeld ist, und lassen es dann weiterziehen.

Diese Übung kann Ihnen helfen zu verstehen, wie es möglich ist, Emotionen, Gedanken und Gefühle wahrzunehmen, zu beobachten und anschließend wieder loszulassen.

Wenn ein Gedanke oder eine Emotion so stark ist, dass Sie sich nicht mehr auf Ihren Atem konzentrieren können, verlagern Sie Ihre Aufmerksamkeit auf diesen Gedanken oder diese Emotion und beobachten sie schlicht, ohne zu werten. Gedanken und Emotionen kommen und gehen in stetem Wechsel. So wie beispielsweise Wünsche oder Ängste sich bemerkbar machen, so verschwinden diese Wünsche und Ängste im nächsten Moment auch wieder.

Erweitern Sie Ihr Bewusstsein und Ihre Akzeptanz

Jetzt wo Sie sich selbst – Ihr Denken und Ihre Gefühle – bewusster wahrnehmen, können Sie Ihrer Umgebung und Ihrem Tun mehr Aufmerksamkeit und Akzeptanz entgegenbringen.

Schokoladenmeditation: Eine beliebte Übung für das Praktizieren von Achtsamkeit ist das Schokoladeessen. Kaufen Sie sich eine Tafel Schokolade – Ihre Lieblingssorte oder etwas Neues – und unternehmen Sie folgende Schritte:

1. Halten Sie die Schokolade in der Hand. Achten Sie auf die Verpackungsgestaltung und auf Gewicht und Form der Schokolade.
2. Wickeln Sie die Schokolade langsam, sorgfältig und ordentlich aus.
3. Schnuppern Sie an der Schokolade. Denken Sie an die verschiedenen »Duftnoten«, die Sie wahrnehmen – schwer, leicht, scharf, würzig, süß, warm und so weiter. Ist irgendetwas darunter, was Sie zuvor noch nicht bemerkt hatten?
4. Brechen Sie ein Stück ab, legen Sie es in den Mund und lassen Sie es langsam auf Ihrer warmen Zunge zergehen.
5. Achten Sie darauf, wie Geschmack und Konsistenz sich allmählich verändern, bis sich das Schokoladenstück vollkommen aufgelöst hat.
6. Reflektieren Sie einen Moment lang über Geschmack und Konsistenz der Schokolade und genießen Sie sie in vollen Zügen.

Rosinenmeditation: Die Rosinenmeditation ist eine ähnliche Übung, die Ihnen hilft, das Verweilen im Augenblick zu praktizieren. Da Rosinen nicht in derselben Weise im Mund zergehen wie Schokolade, können Sie sich mehr auf die Erscheinungsform der Rosinen konzentrieren, darauf, wie sie sich in der Hand anfühlen oder im Mund, wenn Sie sie kauen. Machen Sie sich ihren süßen Geschmack bewusst, während Sie sie einzeln und sehr langsam verzehren.

Achtsame Mahlzeit: Wie viele von den vielleicht 1000 Mahlzeiten, die Sie im vergangenen Jahr zu sich genommen haben, haben Sie mit Achtsamkeit genossen? Seien Sie bei der nächsten Mahlzeit achtsam. Konzentrieren Sie sich auf die Empfindungen nicht nur in Mund und Magen, sondern auch in anderen Bereichen Ihres Körpers, beispielsweise Ihren Händen, die das Essen zum Mund führen. Achten Sie auf die Geräusche, die Sie während des Essens hören, auf Duft, Geschmack und Konsistenz der Mahlzeit.

Denken Sie daran, wie viel Zeit und Mühe die Natur, der Bauer oder Fischer, der Nahrungsmittelproduzent, Pflücker oder Packer auf das Nahrungsmittel verwendet haben, das Sie gerade zu sich nehmen. Werden Sie dieser Zeit und Mühe mit Ihrer Aufmerksamkeit für das, was Sie essen, gerecht. Essen Sie langsam und achten Sie auf alles. Lesen Sie währenddessen nichts und hören Sie keine Mailboxnachrichten ab.

Natürlich müssen Sie nicht jede Mahlzeit achtsam zu sich nehmen, aber indem Sie regelmäßig mit Achtsamkeit essen, bringen Sie sich zurück in die Gegenwart und erinnern sich daran, dass es kein »Und was kommt als Nächstes?« gibt. Das ist alles.

Alltagsaktivitäten

Achtsamkeit lässt sich ganz einfach praktizieren, indem Sie alltägliche Handlungen in Achtsamkeitsgelegenheiten verwandeln.

Denken Sie an die Aktivitäten, die an einem typischen Tag zu Ihrem Leben gehören: baden oder duschen, mit der Hand abwaschen oder die Geschirr- spülmaschine ein- und ausräumen, Wäsche zusammenlegen, Hausputz, Gartenarbeit. Diese Arbeiten müssen erledigt werden – daran führt kaum ein Weg vorbei – und so sollten Sie sie als Gelegenheit nutzen, um Acht- samkeit zu praktizieren.

Waschen Sie achtsam ab. Drehen Sie den Wasserhahn auf, spüren Sie die Wärme des Wassers, die Gewebestruktur des Geschirrtuchs.

Greifen Sie nach dem ersten Teller und spüren Sie sein Gewicht in Ih- ren Händen. Richten Sie all Ihre Sinne auf das, was Sie tun; spüren, rie- chen und hören Sie, was geschieht. Irgendwann wird Ihr Geist auf Wan- derschaft gehen und es werden sich Gedanken einschleichen, die Ihnen sagen, dass Sie weitermachen sollen, dass es noch anderes zu tun gibt. Dinge, die gestern geschehen sind, werden Ihnen wieder einfallen und Sie werden versucht sein, sie zu bewerten.

Beruhigen Sie Ihre Gedanken, indem Sie zu Ihren Sinnen zurückkehren. Spüren Sie den Becher in Ihrer Hand, glitschig von der warmen Seifen- lauge. Spülen Sie ihn ab und wiederholen Sie den Vorgang mit dem nächs- ten Geschirrteil.

Wenn Küchenarbeit und Hausputz Ihnen normalerweise wie lästige Pflichten vorkommen, sollten Sie versuchen, sie mit möglichst viel Achtsamkeit zu begleiten. Lassen Sie sich ganz darauf ein; konzentrieren Sie sich und erledigen Sie sie langsam und gründlich. Was bei Abwasch, Essenszubereitung und Hausputz funktioniert, funktioniert auch bei der Gartenarbeit, beim Bügeln oder beim Weg zur Arbeit.

Versuchen Sie, beim Gehen zu meditieren; konzentrieren Sie sich auf die Atmung. Achten Sie darauf, wie sich die Schuhe auf dem Gehweg anfühlen. Was sehen Sie? Was hören Sie? Machen Sie sich bewusst, wie unbeständig sich diese Dinge und Abläufe entwickeln. Achten Sie darauf, wie sich Ihr Körper beim Gehen bewegt, während Ihre Arme hin und her schwingen oder Ihre Hände in den Manteltaschen stecken.

Was gibt es noch für Beschäftigungen, die Sie normalerweise in aller Eile »hinter sich bringen«? Zähne putzen, frühstücken, zum Bus laufen? Tee oder Kaffee kochen? Setzen Sie sich und tun Sie nichts anderes, als zu atmen und Ihr Getränk zu genießen. Wenn Sie diese Dinge langsam und bewusst tun, erkennen Sie, wie viel selbstbestimmter Sie Ihre Zeit verbringen.

Versuchen Sie jeden Tag etwas Zeit zu finden, um sich bewusst auf Ihr Umfeld einzustellen. Nutzen Sie Ihre Sinne; hören, schmecken, fühlen, riechen und sehen Sie jedes Detail. Messen Sie der Zeit keine Bedeutung bei.

Diese Aktivitäten erscheinen Ihnen möglicherweise alltäglich und banal – sich anziehen, kochen, essen, waschen, sauber machen, im Garten arbeiten, den Kontakt mit anderen pflegen, arbeiten, Auto fahren und so weiter –, aber in der Summe sind diese kleinen Dinge das Leben. Das ist es, was Sie tun. Und Sie tun das alles in der Gegenwart.

Jede dieser alltäglichen Aktivitäten bietet Ihnen ein kleines Erlebnis. Diese Erlebnisse fördern Ihre bewusste Wahrnehmung. Wenn Sie sie nutzen, um Ihre Wahrnehmung zu schärfen, werden Sie insgesamt achtsamer.

Machen Sie sich also diese Achtsamkeitsübung zur Gewohnheit. Bedenken Sie: Je häufiger Sie etwas tun oder denken, desto stärker wird die Gewohnheit, bis daraus ein Automatismus wird. Nach einem Tag, an dem Sie es versäumt haben, sich in Achtsamkeit zu üben, sollten Sie jedoch nicht zu streng mit sich sein. Achtsamkeit soll nicht zum Stressfaktor werden.

Treten Sie auf die Bremse – machen Sie eins nach dem anderen

Erreichen Sie eine neue Stufe der Aufmerksamkeit, indem Sie bei allem, was Sie tun, auf die Bremse treten.

Erledigen Sie eins nach dem anderen. Singletasking, nicht Multitasking! Wenn Sie den Wasserkocher füllen, dann füllen Sie nur den Wasserkocher. Wenn Sie essen, dann essen Sie. Wenn Sie Ihr Kind baden, dann baden Sie nur Ihr Kind. Versuchen Sie nicht, gleichzeitig andere Dinge zu tun.

Beherzigen Sie das Zen-Sprichwort: »Wenn du gehst, gehe. Wenn du sitzt, sitze.«

Tun Sie weniger. Wenn Sie den Tag mit Vorhaben vollstopfen, hetzen Sie nur von einer Sache zur nächsten. Sie werden ständig versuchen, sich selbst zu überholen. Setzen Sie stattdessen Prioritäten. Finden Sie heraus, was wichtig für Sie ist, und verzichten Sie auf alles Übrige.

Lassen Sie sich Zeit. Wenn Sie weniger tun, können Sie diese Dinge langsamer, vollständig und mit mehr Konzentration erledigen. Lassen Sie sich Zeit und bewegen Sie sich langsamer. Handeln Sie mit Bedacht und nicht überstürzt oder beliebig. Langsamer zu werden, erfordert Übung, aber es hilft Ihnen, sich auf das zu konzentrieren, was Sie tun und was um Sie herum geschieht.

Schaffen Sie Raum. Planen Sie nicht zu dicht – lassen Sie zwischen den Aktivitäten und Aufgaben Platz. So können Sie Ihren Tag flexibler gestalten und kommen nicht in Schwierigkeiten, wenn etwas doch mehr Zeit in Anspruch nimmt als geplant.

Die Slow-Bewegung

Die Slow-Bewegung ist mit der Achtsamkeit thematisch verwandt. Es geht dabei im Wesentlichen darum, das Tempo des Lebens zu verlangsamen. Die Bewegung begann mit Carlo Petrinis Protest gegen die Eröffnung eines Fast-Food-Restaurants auf der Piazza di Spagna in Rom im Jahr 1986.

Slow Food (www.slowfood.org.uk) wurde 1989 als Gegenmittel gegen die zunehmende Verbreitung von Fast-Food und die allgemeine Beschleunigung des Lebens gegründet. Ziel der Bewegung war es, gute Nahrungsmittel, die Freude am Essen und einen langsamen Lebensrhythmus zu fördern und zu verteidigen. Später kamen dann Anliegen wie eine umfassendere Lebensqualität, Nachhaltigkeit und Umweltschutz hinzu.

Slow Food entwickelte Ableger in anderen Bereichen, wie beispielsweise Slow Food Kids – wo Kinder interaktiv und mit allen fünf Sinnen Nahrungsmittel erforschen und genießen können –, Cittaslow (langsame Städte), Slow Gardening, Slow Travel, Slow Design, Slow Art, Slow Media und Slow Fashion.

Flow

Wenn wir auf die Bremse treten und uns immer nur auf eine Sache konzentrieren und wenn wir bei unseren Alltagsverrichtungen und Routinetätigkeiten achtsam sind, trainieren wir unseren Geist darauf, ganz in der Gegenwart zu sein. Aber gibt es eine Möglichkeit, wie wir uns mühelos über einen längeren Zeitraum konzentrieren können? Etwas, was uns wirksam aus unseren Alltagssorgen herausholt, damit wir nicht länger in der Vergangenheit verweilen oder uns um die Zukunft sorgen? Ja, so etwas gibt es. Es trägt den Namen »Flow«.

»Flow« beschreibt eine Zeit, in der wir uns ganz und gar auf eine Sache konzentrieren. Das bedeutet, dass wir unsere gesamte Aufmerksamkeit auf das Erleben der Gegenwart richten.

Haben Sie sich schon einmal hingesetzt und eine Arbeit oder Tätigkeit begonnen, die Sie so sehr vereinnahmte, dass Sie es gar nicht bemerkten, wie die Zeit verstrich? Sie dachten an nichts anderes mehr; während Sie sich konzentrierten, verschmolz Ihr Bewusstsein mit der Tätigkeit und Sie »lebten im Augenblick«. Wenn sich das so anfühlte, dann befanden Sie sich in einem Zustand, den wir als »Flow« bezeichnen.

Der Psychologieprofessor Mihály Csíkszentmihályi und seine Kollegen begannen in den 1980er- und 1990er-Jahren, das Flow-Phänomen zu untersuchen, nachdem dem Wissenschaftler aufgefallen war, wie sich Künstler in ihrer Arbeit geradezu zu verlieren schienen.

In Gesprächen, die Csíkszentmihályi mit ihnen führte, verglichen viele Künstler ihre »Flow«-Erfahrungen mit einer Wasserströmung, die sie mit sich fortträgt. Der Psychologe selbst beschreibt den »Flow« als einen Zustand, bei dem unser Gehirn von einer einzigen Aktivität vollkommen absorbiert wird. Das erschwert es unserem Geist, abzuschweifen; und möglichen Gedanken über die Vergangenheit oder die Zukunft wird so der Zugang zu unserem Kopf verweht.

Csíkszentmihályi sagt, dass der Geist, »solange er nichts zu tun hat, Zufallsmustern folgt und dabei häufig an etwas Schmerzvollem oder Verstörendem hängen bleibt«. Ein Geist hingegen, der sich im Flow-Zustand befindet, ist so beschäftigt, dass kein Raum für unerwünschte Gedanken bleibt.

Der Flow-Zustand ist durch acht Eigenschaften gekennzeichnet:

1. Klare Ziele auf jedem Abschnitt des Weges
2. Unmittelbares Feedback – wir wissen, dass wir unsere Sache gut machen
3. Eine Balance zwischen Herausforderung und Fähigkeiten

4. Handeln und Bewusstsein verschmelzen miteinander
5. Keine Furcht vor Rückschlägen
6. Kein Gefühl der Befangenheit
7. Verzerrtes Zeitgefühl
8. Wichtig ist der Weg, nicht das Ziel

Wir müssen unsere Ziele immer klar definieren, damit wir stets unseren nächsten Schritt kennen. Wenn wir beispielsweise nach einem Rezept kochen, müssen wir eine Vorstellung davon haben, wie das fertige Gericht aussehen und schmecken wird. Wenn wir uns zum Ingenieur ausbilden lassen, müssen wir wissen, welche Fähigkeiten und Qualifikationen wir dafür benötigen. Und wenn wir für einen Marathon trainieren, müssen wir wissen, welches Tempo und welcher Laufrhythmus uns erfolgreich ins Ziel führen werden.

Im Flow-Zustand erhalten wir unmittelbares und sofortiges Feedback. Sobald wir wissen, was wir gut gemacht haben und was weniger gut, können wir unser Verhalten nahtlos anpassen. Wenn wir unser Gericht kosten, wissen wir, ob wir etwas verändern oder hinzufügen müssen. Und wer seine Laufzeiten protokolliert, weiß, wie viel Tempo er noch zulegen muss.

Wir benötigen eine Balance zwischen Herausforderung und Können; wenn die Aufgabe zu schwierig ist, reagieren wir mit Stress und Angst; ist sie zu einfach, führt dies leicht dazu, dass wir uns langweilen oder die Tätigkeit achtlos ausführen.

Im Flow-Zustand spüren wir, dass wir das Steuer in der Hand haben. Die Tätigkeit selbst fühlt sich wie eine Belohnung an und auch wenn die Aufgabe schwierig ist, fühlen wir uns ihr gewachsen.

Weil wir im Flow-Zustand besonders lernfähig sind, sind wir offen für neue Herausforderungen und Informationen. Folglich ist Neugier – und damit der Anfängergeist – ein integraler Bestandteil des Flow-Zustands.

Indem wir unsere gesamte Aufmerksamkeit auf das Geschehen und auf unser Tun richten, verlieren wir das Gespür für uns selbst. Wir fühlen, wie unser Bewusstsein mit unserer Tätigkeit verschmilzt. Aber wie können wir im Augenblick leben, wenn wir uns dieses Augenblicks nicht einmal bewusst zu sein scheinen? Wir tauchen so sehr in unsere Beschäftigung ein und konzentrieren unsere Aufmerksamkeit so sehr darauf, dass nichts uns ablenken kann. Unser Fokus liegt so ausschließlich auf dem, was wir tun, dass wir jedes Zeitgefühl verlieren. Wir leben schlicht von einem Augenblick zum nächsten.

Wir können einiges tun, um Gelegenheiten für einen Flow-Zustand zu schaffen, in dem wir durch die Verschmelzung von Tun und Denken vollkommen im Augenblick aufgehen. Hier sind einige Vorschläge:

- **Entscheiden Sie sich für einen Mannschaftssport.** Hockey oder Fußball, was auch immer – im Sport findet alles im Augenblick statt. Wir haben gar nicht die Zeit, um über den letzten Pass nachzudenken, weil sofort der nächste folgt!
- **Yoga, Schwimmen, Judo, Klettern.** Die Konzentration auf die einzelne Bewegung zwingt unseren Geist, zusammen mit dem Körper ganz im Augenblick zu leben.
- **Singen oder tanzen nach Musik.** Singen Sie in einem Chor mit oder besuchen Sie einen Tanzkurs. Singen und tanzen Sie in der Küche nach Ihrer Lieblingsmusik. Sie tauchen ganz in die Musik ein und leben vollkommen im Augenblick.
- **Kreative Interessen.** Gartenarbeit, Malen, Ornithologie, Jonglieren, Fischen oder Briefmarkensammeln: Viele Menschen können, während sie einer kreativen Tätigkeit nachgehen, zufrieden im gegenwärtigen Augenblick verweilen.
- **Spiele und Rätsel.** Ob Karten- oder Brettspiel, Computerspiel, Puzzle, Kreuzworträtsel oder Sudoku – sie alle erfordern Konzentration und bieten die Chance, vollkommen einzutauchen.
- **Bücher und Filme.** Ob packender Krimi, Science-Fiction-Roman oder geistreiche Komödie – alle diese Gattungen sind dazu angetan, uns ganz in ihren Bann zu schlagen.

Machen Sie eine Liste von Dingen, die Sie gern tun: Hobbys, Sportarten und Interessen. Das sind die Aktivitäten, bei denen wir den Flow-Zustand erleben können. Sie nehmen uns so stark in Anspruch, dass unsere Gedanken der Gegenwart gar nicht entfliehen können.

Je mehr Flow-Aktivitäten wir im Leben haben, desto mehr Gelegenheiten bieten sich uns, um im Augenblick zu leben. Wichtig ist jedoch die Balance! Zu viele Aktivitäten können in uns leicht ein Gefühl des Drucks und des Stresses erzeugen.

Dankbarkeit

Es wird Zeiten geben, in denen Sie sich so sehr nach bestimmten Dingen oder Situationen sehnen, dass Sie Mühe haben, im gegenwärtigen Augenblick zu bleiben. Solange Sie jedoch mit der Vergangenheit oder Zukunft beschäftigt sind, können Sie unmöglich achtsam sein. Anstatt dankbar zu sein für das, was Sie bereits haben, denken Sie nur an das, was Sie nicht bekommen haben oder was Sie unbedingt noch haben wollen.

Wie es im tibetischen Sprichwort heißt: »Sobald wir zufrieden sind, haben wir genug. Nur leider denken wir häufig das Gegenteil: Erst wenn wir genug haben, sind wir zufrieden.«

Vielleicht sind Sie mit Ihrer Wohnsituation nicht zufrieden – Sie wünschen sich ein größeres Haus oder eine bessere Wohngegend. Vielleicht ärgern Sie sich darüber, dass Sie nicht wie erwartet befördert wurden oder dass Ihre Freunde einen schöneren Urlaub hatten.

Was kann Ihnen helfen, sich von vergangenen Niederlagen und zukünftigen Wünschen zu lösen? Dankbarkeit. Es fällt uns leicht, Dankbarkeit zu empfinden, wenn wir die kleinen Freuden um uns herum wahrnehmen, mögen sie auf den ersten Blick auch noch so unbedeutend erscheinen. Sobald Sie beginnen, die kleinen Freuden des Tages zu sehen, werden Sie bewusster nach etwas schauen, worüber Sie sich freuen können. Selbst in den einfachsten Dingen können Sie etwas finden, was Sie schmunzeln lässt, und je eifriger Sie danach Ausschau halten, desto mehr werden Sie finden.

Denken Sie an drei gute Dinge, die sich während des Tages ereignet haben. Halten Sie sie in einem Notizbuch fest oder lassen Sie sie lediglich vor Ihrem inneren Auge vorbeiziehen, während Sie sich die Zähne putzen. Machen Sie das jeden Abend. Dann werden Sie, egal wie der Tag verlaufen ist, zufrieden zu Bett gehen.

Ja, vielleicht haben Sie den Zug verpasst, aber dafür hat der Kaffee, den Sie sich gönnten, während Sie auf den nächsten Zug warteten, richtig gut geschmeckt, oder Sie haben jemanden getroffen, den Sie Ewigkeiten nicht gesehen haben, oder Sie mussten nicht im Regen stehen und der Wartesaal war freundlich und warm. Nein, Sie haben den Job nicht bekommen, aber wenigstens erhielten Sie einen Anruf mit nützlichem Feedback. Und zum Glück hatten Sie Ihren Regenschirm dabei und wurden im Sturzregen während Ihres abendlichen Heimwegs nicht nass.

Machen Sie sich klar, dass Sie gute Erlebnisse während des Tages hatten, sodass es allen Schwierigkeiten zum Trotz Dinge gab, die ihn lebenswert machten. Und machen Sie sich ebenso klar, dass eine solche Denkweise jene neuronalen Verbindungen schafft, die die Achtsamkeit fördern.

>**Das Leben bewegt sich ziemlich schnell. Wenn du nicht von Zeit zu Zeit anhältst und dich umsiehst, könntest du es verpassen.**<
Ferris Bueller

Neben der Offenheit für Dinge, für die wir dankbar sein können, helfen auch zufällige, spontane Zeichen der Freundlichkeit, um uns in der Gegenwart und im Zustand der Achtsamkeit zu halten. Gelegenheiten, anderen zu helfen, ergeben sich, sobald wir die Bedürfnisse anderer Menschen bewusst wahrnehmen.

Laden Sie jemanden, der allein ist, zum Abendessen ein, schenken Sie jemandem, der es verdient, einen Blumenstrauß, backen Sie für jemanden einen Schokoladenkuchen oder geben Sie sich besondere Mühe, eine Information zu bekommen, die jemand aus Ihrem Umfeld benötigt.

Dankbarkeit fördert Achtsamkeit, denn indem wir uns auf die Ereignisse und Menschen in unserem Leben konzentrieren, für die wir dankbar sind, verstärken wir unser Bewusstsein dafür, wie gut wir uns gerade jetzt, im gegenwärtigen Augenblick, fühlen. Das hilft uns, die Dinge ins richtige Licht zu setzen und zum Leben im Augenblick zurückzufinden.

Was könnten Sie tun? Bewirken Sie etwas Positives im Leben eines anderen Menschen, indem Sie ihm eine unerwartete Freundlichkeit erweisen.

Der nächste Schritt

Im ersten Teil des Buches haben Sie gelernt, wie Sie ein stärkeres Bewusstsein dafür entwickeln können, wie und was Sie denken, fühlen und tun. Wichtig ist dabei, dass Sie offen sind für neue Ideen und neue Denk- und Verhaltensweisen und dass Sie sich von destruktiven Denk- und Verhaltensweisen lösen und sie durch achtsame Denk- und Verhaltensweisen ersetzen.

Sie wissen nun, dass Achtsamkeit eine dynamische Einheit ist; Achtsamkeit umfasst Qualitäten wie Geduld und Vertrauen, Konzentration und Engagement, bewusste Wahrnehmung und Akzeptanz, die miteinander in Beziehung stehen und einander verstärken. Sie haben gesehen, dass Ihr Leben aus Ihren Gedanken, Gefühlen und Verhaltensweisen besteht. Und Sie denken, fühlen und / oder handeln in jedem Augenblick des Tages.

Verbinden Sie die Aspekte der Achtsamkeit mit Aspekten Ihres Lebens und Sie haben das Potenzial für etwas ziemlich Komplexes. Es ist jedoch nicht so kompliziert und verwickelt, dass Sie es nicht verstehen und in die Praxis umsetzen könnten!

Die Anwendung einer Achtsamkeitstechnik auf Ihre Gedanken wird sich positiv auf Ihre Gefühle und Verhaltensweisen auswirken. Wenden Sie Achtsamkeit auf Ihre Gefühle an und Sie beeinflussen damit die Art und Weise, wie Sie denken und handeln. Und wenn Sie sich achtsam verhalten, wird sich das positiv auf Ihre Gedanken und Gefühle auswirken.

Mehrere einfache Prinzipien erzeugen gemeinsam eine eindrucksvolle Wirkung, die sich in einer Vielzahl von Situationen in Ihrem Leben positiv bemerkbar machen kann.

Im zweiten Teil des Buches werden wir uns einigen Bereichen und Situationen im Leben zuwenden, in denen eine achtsame Herangehensweise entscheidende Vorteile bringen kann. Lesen Sie weiter!

TEIL 2

Achtsamkeit praktizieren

Nun, da Sie eine klarere Vorstellung von Achtsamkeit gewonnen haben, wenden wir uns speziellen Bereichen und Situationen im Leben zu, in denen der achtsame Ansatz entscheidende Vorteile bringen kann. Für jede Situation werde ich Ihnen einige konkrete und leicht umsetzbare Tipps und Techniken präsentieren, die Ihnen helfen, die Situation effektiv zu meistern – ruhig und mit Zuversicht.

Vielleicht befinden Sie sich in einer beruflichen Situation, in der Sie eine Präsentation halten oder eine Besprechung leiten müssen. Oder Sie möchten Kollegen überreden, sich an einer Fundraising-Aktion für Wohltätigkeitszwecke zu beteiligen. Möglicherweise möchten Sie effektiver mit Kritik umgehen oder wissen, wie Sie sich von Schuldgefühlen (wegen etwas, was Sie hätten tun oder unterlassen sollen) befreien können.

Oder Sie quälen sich mit einem allgemeineren Problem. Vielleicht möchten Sie wissen, wie Sie mit Sorgen und Ängsten besser fertigwerden, damit diese Sie nicht so häufig überwältigen und Ihr Leben bestimmen. Vielleicht wünschen Sie sich mehr Selbstvertrauen, einen stärkeren Fokus im Leben oder mehr Kontakt zu anderen Menschen.

Wenn etwas davon auf Sie zutrifft, gibt es eine achtsame Art und Weise, wie Sie an diese Situationen herangehen können, und die Kapitel in Teil 2 werden Ihnen sicherlich helfen. In diesem Teil des Buches werden Sie erfahren, wie Sie die Aspekte und Prinzipien der Achtsamkeit – bewusste Wahrnehmung, Akzeptanz, Geduld und Vertrauen, Konzentration und Engagement, Neugier und so weiter – in einer Vielzahl von Situationen erfolgreich anwenden können.

Sie werden sehen, wie Achtsamkeit Ihnen im beruflichen ebenso wie im privaten Umfeld zu mehr Halt und Fokus verhilft – mit dem Ziel, dass Ihr Denken, Fühlen und Handeln zukünftig weniger von all dem bestimmt sein wird, was um Sie herum geschieht. Auf diese Weise gelingt es Ihnen leichter, inmitten angenehmer oder unangenehmer Erlebnisse und Erfahrungen, Ihre Konzentration und Ihren Gegenwartsbezug aufrechtzuerhalten.

Der gesamte zweite Teil handelt davon, dass wir uns gegenüber neuen Denk- und Verhaltensweisen öffnen. Egal ob es darum geht, besser mit Kritik umzugehen, anderen zu vergeben oder sich für das Erreichen der eigenen Ziele zu motivieren – hier finden Sie Tipps und Ideen, wie Sie sich von all den Dingen lösen können, die Ihre Möglichkeiten einschränken.

Beginnen Sie jetzt; wenden Sie sich einer Situation zu, die Sie gern effektiver handhaben möchten, und folgen Sie den Ideen und Techniken, wie Sie die Situation mit Achtsamkeit meistern können. Machen Sie es sich selbst einfach; denken Sie nicht, dass Sie in jeder Situation sämtliche Achtsamkeitsregeln und -schritte befolgen müssten.

Es wäre mit viel Stress verbunden – oder sogar kontraproduktiv –, wenn Sie beispielsweise in einem Bewerbungsgespräch versuchen würden, Ihre Gedanken zu registrieren, Ihre Gefühle zu akzeptieren, sich von beidem zu lösen und sich dann auch noch mit allen Sinnen auf das zu konzentrieren, was um Sie herum gerade geschieht.

Aber wenn Sie für den Anfang genau eines dieser Prinzipien anwenden, werden Sie davon in der Tat profitieren.

Achtsamkeit ist dynamisch angelegt – daher genügt es, wenn Sie in jeder Situation ein Prinzip oder einen Aspekt der Achtsamkeit anwenden. Denn jeder dieser Aspekte wird die übrigen ebenfalls fördern und verstärken.

Bedenken Sie, dass Sie jedes Mal, wenn Sie einen Aspekt der Achtsamkeit praktizieren, neue und hilfreichere Denk- und Verhaltensweisen etablieren. Sie werden sich inspiriert fühlen und den Eindruck bekommen: »Ja, ich kann das.«

5 Vom Umgang mit schmerzlichen Emotionen: Wut, Sorge, Angst und Schuldgefühle

Die Fähigkeit, sich an Vergangenes zu erinnern oder sich Gedanken über die Zukunft zu machen, bedeutet unter anderem, dass wir uns auf gute Zeiten rückbesinnen oder uns auf zukünftige Ereignisse freuen können.

Aber diese Fähigkeit ist nicht immer von Vorteil. Häufig werden unsere Gedanken zur Falle; Wut und Schuldgefühle halten uns in der Vergangenheit, Sorgen und Ängste in der Zukunft fest. Aber die Vergangenheit ist vorbei und die Zukunft ist noch nicht da.

Angst und Sorge, Wut und Schuldgefühle sind sicherlich schmerzhafte Emotionen, aber Emotionen erfüllen, wie wir bereits wissen, einen positiven Zweck – ja, sogar Sorge, Angst und Schuldgefühle! Diese Emotionen wollen uns motivieren; wir sollen etwas, was wir als falsch empfinden, wiedergutmachen. Sie werden nur dann zum Problem, wenn wir zulassen, dass sie uns in die Vergangenheit oder in die Zukunft entführen.

In diesem Kapitel beschäftigen wir uns mit achtsamen Möglichkeiten, wie wir verhindern können, dass Wut, Sorge und Angst uns in die Zukunft ziehen. Und wir suchen nach Möglichkeiten, um uns von Wut und Schuldgefühlen zu befreien, die uns in der Vergangenheit festhalten.

Im Endeffekt kommen wir besser mit unseren Emotionen zurecht, wenn wir schwierige oder schmerzliche Emotionen zulassen, anstatt sie zu unterdrücken oder zu bekämpfen.

Wir haben sehr wohl die Möglichkeit, uns von früheren Überzeugungen zu lösen und andere Herangehensweisen an schwierige Situationen zu entwickeln.

Wir können uns von Ängsten und Sorgen frei machen, die etwas mit der Vergangenheit oder der Zukunft zu tun haben, und uns auf die Gegenwart konzentrieren.

Vielleicht werden einige der hier vorgestellten Empfehlungen neu für Sie sein, wie beispielsweise die, sich »Sorgenzeit« zu genehmigen, einen achtsamen Raum für Ihre Wut zu schaffen oder »sich so zu verhalten, als hätten Sie selbst die Entscheidung getroffen«. Das sind keine Spielereien, um Ihre Aufmerksamkeit zu wecken, sondern Ideen und Techniken, die tatsächlich funktionieren.

Mithilfe dieser Techniken gewinnen Sie die Freiheit, sich auf die Gegenwart zu konzentrieren und sich auf sie einzulassen.

Vom Umgang mit der Wut

Nachdem Martine einen Italienurlaub gebucht hatte, für den sie ihren Reisepass brauchte, stellte sie beim Blick auf das Dokument fest, dass es abgelaufen war. Sie verbrachte Stunden damit, Formulare für einen neuen Pass auszufüllen, und fuhr am Tag darauf kilometerweit zum nächsten Postamt, um ihren Antrag beim »Check and Send«-Service einzureichen. In der Schlange neben ihr wartete ihr Nachbar Stephan. Martine erzählte ihm begeistert von ihrer bevorstehenden Reise. Als sie an die Reihe kam, überreichte sie dem Schalterbeamten ihren Antrag. Er las ihn durch und gab ihn ihr zurück mit der Bemerkung, er könne ihn nicht annehmen, weil er nicht korrekt ausgefüllt sei. Martines Stimmung wechselte schlagartig. »Soll das ein Witz sein? Das ist lächerlich«, rief sie aus. Sie stritt mehrere Minuten mit dem Beamten, aber es war klar, dass er das Formular nicht akzeptieren würde. »Tausend Dank auch!«, schnauzte sie den Mann an. Binnen Sekunden hatte sich ihre heitere Stimmung in Wut verwandelt.

Kennen Sie solche Situationen? Die unterschiedlichsten Dinge können Wut und Frust auslösen – ein Freund tut etwas, was Ihre Gefühle verletzt,

Ihr Arbeitgeber trifft eine Entscheidung, die sich negativ auf Ihre Arbeit auswirkt, oder jemand nimmt Ihnen auf der Straße die Vorfahrt.

Es ist nicht falsch, wütend zu sein – Wut ist eine normale menschliche Emotion, eine natürliche Reaktion, wann immer wir uns in irgendeiner Weise ungerecht behandelt, beleidigt, bedroht oder angegriffen fühlen.

Aber Wut kann uns auch dazu verleiten, Dinge zu tun, die wir später bereuen. Um zu verhindern (oder zumindest die Wahrscheinlichkeit zu reduzieren), dass so etwas passiert, sollten Sie folgende Achtsamkeitstechniken ausprobieren:

1. Achten Sie auf Ihre Warnsignale

In manchen Situationen können Sie spüren, wie sich die Wut allmählich aufbaut, während sie in anderen Fällen im Nu hochkocht. Unabhängig davon aber müssen Sie stets Ihre körperlichen Warnsignale im Blick behalten. Lernen Sie, diese bereits im Frühstadium zu erkennen.

Vielleicht spüren Sie, wie:

* Ihr Herz schneller schlägt,
* Ihr Atem rascher geht,
* sich Ihre Gesichtsmuskeln anspannen,
* sich Ihr Körper verspannt,
* Ihre Stimme lauter und schärfer wird.

Es besteht kein Grund, diese körperlichen Gefühle zu verurteilen; beachten Sie sie lediglich. Allein schon dadurch, dass Sie diese Reaktionen wahrnehmen, sind Sie achtsam. Das ist ein guter Anfang, um alles zu verlangsamen, und es gibt Ihnen die Chance, klarer zu denken.

Wie auch immer Ihre körperlichen Gefühle aussehen – es besteht kein Grund, warum Sie Ihre Wut unterdrücken oder leugnen sollten; nehmen Sie Ihre Gefühle zur Kenntnis und übernehmen Sie dafür die Verantwortung.

Martine sollte also ihre eigene Verfassung – »*Ich bin so ärgerlich!*« – anerkennen, statt dem Postbeamten vorzuwerfen, dass er den Vorgang absichtlich verkompliziere.

2. Strengen Sie Ihren Kopf an

Es passiert leicht, dass wir irrational und unlogisch werden, sobald unser Verstand von Wutgefühlen überwältigt wird. In diesem Moment ist vor allem eines wichtig: Wir müssen die Wahrscheinlichkeit, die Kontrolle zu verlieren, reduzieren und unsere Fähigkeit zum klaren Denken verbessern.

Wenn Sie also merken, wie die Wut in Ihnen aufsteigt, sollten Sie innehalten und sich fragen: Bin ich so wütend, dass ich nicht klar denken kann? Bin ich so wütend, dass ich verbal und körperlich um mich schlagen möchte?

Wenn die Antwort »Ja« lautet, sollten Sie sich erst beruhigen und die Gefühle abklingen lassen, bevor Sie reagieren, damit Sie letztlich zum Augenblick zurückfinden und wieder klar denken können. Solange die Wut Sie befeuert, greift Ihr Gehirn auf den Mandelkern zurück – den emotionalen, instinktiven Teil des Gehirns. Das schaltet den Neocortex – den denkenden Teil des Gehirns – aus.

Um Zugang zum denkenden, rationalen Teil Ihres Gehirns zu bekommen, müssen Sie die emotionale Seite beruhigen. Das kann sehr schwierig werden, solange die Wut in Ihnen steckt, aber wir können uns antrainieren, stets eine Pause einzulegen, bevor wir unseren Gefühlen Ausdruck verleihen. Sobald Sie sich Ihrer Gedanken bewusst werden, können Sie auf die Bremse treten und in den gegenwärtigen Augenblick zurückkehren.

3. Widerstehen Sie dem Drang, sofort zu reagieren

Indem Sie Ihre Atemfrequenz verlangsamen, erreichen Sie, dass sich auch Ihr Puls wieder normalisiert und Sie insgesamt ruhiger werden. Halten Sie also fünf Sekunden lang den Atem an (um ihn zu »resetten«) und atmen Sie dann drei Sekunden ein und anschließend *noch langsamer* wieder aus.

Fahren Sie so fort, und bedenken Sie dabei, dass das *Ausatmen* die allgemeine Verlangsamung bewirkt.

Neben dem achtsamen Atmen gibt es noch eine Reihe weiterer Möglichkeiten, wie Sie sich beruhigen können. Probieren Sie selbst aus, was Ihnen im Augenblick der Wut am besten hilft:

- Zwingen Sie sich, im Kopf das Alphabet aufzusagen.
- Zählen Sie von 20 rückwärts.
- Überlegen Sie, was Sie während des gestrigen Tages gegessen und getrunken haben.
- Zählen Sie im Kopf »Ein Elefant, zwei Elefanten ...« bis zu vier, während Sie einatmen, halten Sie den Atem kurz an und zählen Sie genauso beim Ausatmen.

All diese Techniken zwingen Sie, den denkenden Teil Ihres Gehirns zu beschäftigen. Probieren Sie sie aus; sie funktionieren!

4. Schaffen Sie achtsamen Raum für Ihre Wut; sie wird sich mit der Zeit legen

- Gehen Sie spazieren, joggen Sie, fahren Sie Rad oder betätigen Sie sich in anderer Weise sportlich.
- Wenn Sie wollen, können Sie Ihrer Wut auch Luft machen, indem Sie auf ein Kissen einschlagen, Geschirr auf den Boden werfen und / oder schreien, rufen, kreischen oder fluchen (solange Sie damit niemanden erschrecken).
- Singen Sie zu schneller, lauter Musik. So werden Sie etwas von der Energie los, die sich in Ihnen aufgestaut hat.
- Oder Sie hören beruhigende Musik – das heitert Sie auf und verlangsamt Ihre körperlichen und emotionalen Reaktionen.
- Machen Sie etwas Kreatives – so kanalisieren Sie Ihre Energie und konzentrieren sich auf etwas anderes.
- Rufen Sie einen Freund an und erzählen Sie ihm, was geschehen ist und warum Sie so wütend sind.

Sobald Sie Ihre Wut auf achtsame Weise gebändigt haben, können Sie klare Gedanken fassen und beschließen, was Sie als Nächstes tun wollen. Lassen Sie sich damit jedoch nicht zu viel Zeit, damit sich Ihre Wut nicht erneut aufbaut!

5. Reagieren Sie fest und bestimmt

Setzen Sie das, was Sie zu tun beschließen, mit Bestimmtheit und ohne Aggression um. Wenn Sie Ihren Gefühlen der Wut mit Bestimmtheit Ausdruck verleihen, erleichtern Sie die Kommunikation und verhindern, dass angespannte Situationen außer Kontrolle geraten.

Hier sind einige Dinge, die Sie ausprobieren könnten:

- **Fragen Sie sich, was Sie sich wünschen – was soll geschehen?** Genügt es Ihnen, das darzulegen, was Sie wütend macht, oder wollen Sie, dass sich etwas ändert?
- **Seien Sie konkret.** Sagen Sie beispielsweise: »Ich bin wütend, weil …« Indem Sie von sich in der ersten Person sprechen, vermeiden Sie Schuldzuweisungen und die andere Person fühlt sich nicht so leicht angegriffen.
- **Hören Sie zu, was Ihr Gegenüber antwortet.** Hören Sie wirklich hin. (Verwenden Sie die Zuhörtechniken aus Kapitel 3.) Fallen Sie dem anderen nicht ins Wort und denken Sie vorläufig nicht an das, was Sie erwidern wollen. Bleiben Sie in der Gegenwart. Würdigen Sie, was der andere sagt, indem Sie das Gehörte wiederholen oder mit Ihren Worten wiedergeben. Damit verlangsamen Sie das Gespräch und erhalten so Zeit zum Nachdenken.
- **Behandeln Sie die andere Person mit derselben Aufmerksamkeit und demselben Respekt, den Sie sich von ihr wünschen.** Achten Sie jedoch auf mögliche Anzeichen, dass das Gespräch eine falsche Richtung nimmt. Seien Sie bereit, das Gespräch, wenn es zu hitzig wird, zu unterbrechen, um es zu einem späteren Zeitpunkt wieder aufzunehmen.

6. Nehmen Sie die Situation anders wahr

Allzu leicht machen wir uns alle möglichen Gedanken darüber, warum etwas hätte geschehen oder nicht geschehen sollen, oder wir sorgen uns wegen all der Unannehmlichkeiten und des Stresses, den eine zukünftige Situation mit sich bringen wird.

Unser Geist führt uns in die Irre, während sich in uns Frust, Wut und Groll aufstauen und uns mehr Schmerzen bereiten als das Ereignis, das sie ausgelöst hat.

Es gibt eine radikale Art und Weise, wie wir das ändern können. Um Eckhart Tolle zu zitieren: »Akzeptieren Sie den gegenwärtigen Augenblick, was immer er enthält, als hätten Sie selbst ihn sich ausgesucht. Arbeiten Sie stets mit ihm und nicht gegen ihn.« Was bedeutet das?

Angenommen, Sie sitzen am Steuer Ihres Autos und plötzlich nimmt ihnen jemand die Vorfahrt. Sie weichen aus und vermeiden mit Müh und Not einen Zusammenstoß. Sie sind wütend auf den anderen Fahrer. Wäre das Ganze hingegen ein Computerspiel gewesen, hätten Sie *selbst* eine Situation *gewählt*, in der Sie Ihre Fahrkünste hätten unter Beweis stellen können. Sie wären jetzt nicht wütend, sondern zufrieden mit sich, weil Sie es geschafft haben, einen Unfall zu vermeiden.

Was Martines Situation betrifft, so hatte sie beschlossen, mit dem Passantrag zum Postamt zu fahren, um ihn dort auf Fehler überprüfen zu lassen. Sie hatte diese Entscheidung aus freien Stücken getroffen. Nur hatte sie nicht mit der Möglichkeit gerechnet, dass der Antrag nicht akzeptiert würde. Hätte sie diese Möglichkeit von vornherein mit ins Kalkül gezogen, dann hätte sie die Situation leichter akzeptieren können – so als hätte sie sich diese Situation *selbst ausgesucht*.

Auch wenn es etwas Kreativität erfordert – in dem Moment, in dem Sie eine Situation aus einem anderen Blickwinkel betrachten, können Sie gleich viel besser mit Ihrer Wut umgehen.

7. Akzeptanz

»Akzeptanz« bedeutet einzusehen, dass die eingetretene Situation nicht zu ändern ist. Nichts könnte das, was Martine gestern tat, ungeschehen machen. Der Antrag, den sie beim Postamt vorlegte, war nicht korrekt ausgefüllt. Statt ihre Zeit damit zu verschwenden, den Schalterbeamten wüst zu beschimpfen, hätte Martine ihn besser um Rat gefragt, was genau sie tun müsste, um den Fehler zu korrigieren. Erst wenn wir die Situation akzeptieren, wie sie ist, können wir den nächsten Schritt unternehmen.

Wenn Sie diese Tipps beherzigen, heißt das nicht, dass Sie niemals mehr wütend sein werden, aber Sie können mit diesem Gefühl achtsam umgehen und Ihren Ärger konstruktiv zum Ausdruck bringen. An die Stelle der wütenden Reaktion kann eine achtsame Erwiderung treten – mit einem ganz anderen Ergebnis. Sie haben die Wahl.

Vom Umgang mit der Wut anderer Menschen

Während schon der Umgang mit der eigenen Wut nicht immer einfach ist, kann uns die Wut anderer Menschen frustrieren und sogar Angst einjagen.

Wut entsteht dann, wenn die Erwartungen und Überzeugungen eines Menschen, wie eine Situation sein sollte, deutlich von dem abweichen, was tatsächlich passiert. Der Betreffende versteht diese Diskrepanz nicht als etwas Gutes! Wenn Sie jemandem helfen wollen, sich aus seiner Wutstarre zu lösen, müssen Sie als Erstes seine Erwartungen kennen. Und dafür benötigen Sie wieder einmal Ihre Zuhörfähigkeiten.

1. Akzeptieren Sie die Gefühle des anderen

Wenn jemand wütend ist, wird er leicht irrational und unlogisch, weil sein Geist ganz unter dem Einfluss der Wut steht. Wenn Sie einer wütenden Person gegenüberstehen, ist es so, als würden Sie mit einer Emotion und nicht mit einem Menschen kommunizieren.

Sie brauchen jedoch nicht hinzuhören, wenn Ihr Gegenüber Sie be-schimpft oder Ihnen Angst machen will. Sagen Sie: »Ich weiß, dass du wütend bist über das, was geschehen ist, aber ich fühle mich von dir be-schimpft / eingeschüchtert. Vielleicht ist es besser, wenn wir später noch einmal darüber sprechen.«

2. Hören Sie zu

Ein wütender Mensch muss sich Luft verschaffen, und so sollten Sie nichts sagen, bis der andere seinen Gefühlen freien Lauf gelassen hat. Hören Sie jedoch sorgfältig hin, während er spricht. Vielleicht stellen Sie dabei fest, dass Ihre Vorstellung, was seine Wut ausgelöst hat, nicht richtig war oder dass Ihnen wichtige Details der jeweiligen Situation entgangen sind.

Äußern Sie sich nicht zu der Frage, was Ihrer Ansicht nach zu einem Wut-ausbruch berechtigt oder nicht berechtigt. Damit würden Sie nur das Ge-fühl des anderen, nicht verstanden zu werden, verstärken. Ihr Gegenüber hat eigene Wahrnehmungen und Erwartungen. Es ist wichtig, dass Sie ver-suchen, die Wut aus der Position des anderen heraus zu verstehen.

Versuchen Sie, ergebnisoffen zu bleiben. Ziehen Sie keine vorschnellen Schlüsse und lassen Sie sich in Ihrer Einschätzung der Situation nicht davon beeinflussen, was Sie in der Vergangenheit mit diesem Menschen erlebt oder ihm gegenüber empfunden haben.

Hören Sie sich an, was der andere Ihnen sagen will, ohne ihm ins Wort zu fallen, um sich beispielsweise zu rechtfertigen oder zu widersprechen. Damit würden Sie nur Öl ins Feuer gießen.

3. Antworten Sie ruhig

Wenn Sie schließlich antworten, sollten Sie die Stimme senken und lang-samer sprechen. Damit dämpfen Sie zugleich die Intensität der Wut des anderen. Wenn Sie mit der gleichen Intensität reagieren, geben Sie damit der Wut nur neue Nahrung.

Stellen Sie klärende Fragen. Sagen Sie beispielsweise: »Stimmt meine Vorstellung, dass ...?« Oder: »Hast du das Gefühl, dass ...?«

Erklären Sie anschließend, wie Sie sich fühlen und wie Sie die Situation sehen. Möglicherweise haben Sie eine andere Sichtweise und andere Erwartungen. Oder Sie schließen sich der Situationsbeschreibung des anderen an. Wenn sich seine Wut gegen Sie richtet, könnten Sie sich entschuldigen und anschließend entweder fragen, was Sie tun können, oder selbst etwas vorschlagen, um die Situation zu bereinigen.

Vom Umgang mit Sorgen und Ängsten

Das Markenzeichen der Angst ist die Sorge; Sorge wegen etwas, was noch gar nicht eingetreten ist und womöglich niemals eintreten wird. Zum Wesen der Sorge gehört, dass sie Sie aus dem gegenwärtigen Augenblick in die Zukunft entführt – und es auf diese Weise ermöglicht, dass Ihr Geist negativ beeinflusst wird.

Sorge kann durchaus nützlich sein, wenn sie uns antreibt, bestimmte Schritte zu unternehmen und ein Problem zu lösen, aber genauso gut können Zweifel und Ängste uns lähmen.

Stellen Sie sich vor, Sie haben einen Job, bei dem eine wichtige Frist immer näher rückt. Sie spüren den Druck und den damit verbundenen Stress und sorgen sich, was passieren wird, wenn Sie die Frist nicht einhalten – oder aber die Frist einhalten, das Arbeitsergebnis jedoch ungenügend ist. Wenn Sie, statt sich zu sorgen, alle Aufmerksamkeit auf das richten, was Sie jetzt, im gegenwärtigen Augenblick, tun können, verschwindet der Stress weitgehend von selbst.

Vielleicht haben Sie aber auch Schwierigkeiten, nachts einzuschlafen, weil die Sorgen immer größer zu werden scheinen. Nachts passiert es auch leichter, dass die Gedanken sich verselbstständigen; Sie versuchen, sich in den Schlaf fallen zu lassen, aber nichts lenkt Sie von Ihren Sorgen ab.

Nachts können Sie auch kaum etwas gegen das, was Sie belastet, unternehmen. An dieser Stelle kann achtsames Atmen helfen.

Die Aufforderung an sich selbst, das Sichsorgen sein zu lassen, bringt wenig oder hält nicht lange vor. Häufig werden die Sorgen dadurch nur noch hartnäckiger. Versuchen Sie dies: Schließen Sie die Augen und stellen Sie sich einen rosa Elefanten vor. Sobald Sie den rosa Elefanten vor Ihrem inneren Auge sehen, hören Sie auf, über ihn nachzudenken. Was immer Sie tun – denken Sie während der nächsten fünf Minuten nicht an rosa Elefanten. Wie ist es Ihnen dabei ergangen? Haben Sie weiterhin an rosa Elefanten gedacht?

Das heißt natürlich nicht, dass Sie nichts gegen Ihre Sorgen tun können. Sie müssen es nur anders versuchen. Achtsamkeit kann dieser Spirale wenig konstruktiver Gedanken ein Ende setzen und Ihnen helfen, sich auf den gegenwärtigen Augenblick zu konzentrieren, anstatt in Gedanken die Zukunft vorwegzunehmen.

Probieren Sie einige der folgenden Achtsamkeitstechniken aus.

1. Zur Kenntnis nehmen und akzeptieren

Versuchen Sie nicht, Ihre negativen Gedanken zu unterdrücken oder zu bekämpfen – Sie sollten stattdessen Ihren Emotionen, Gedanken und Empfindungen einfach erlauben zu kommen und zu gehen.

Wenn sich Gedanken und Gefühle der Angst einstellen, nehmen Sie sie am besten schlicht zur Kenntnis. Versuchen Sie nicht, sie zu ignorieren, zu bekämpfen oder zu steuern. Sagen Sie einfach zu sich selbst: »Aha. Da gibt es also die und die Sorge und die und die Angst.« Verstehen Sie sich selbst als Beobachter, als Zeuge des Augenblicks.

Erinnern Sie sich noch an das Parkbankexperiment aus Kapitel 4? Sie stellen sich vor, wie Sie auf einer Parkbank sitzen und die vorbeigehenden Menschen beobachten. Sie machen sich keine Gedanken darüber, was sie tragen, Sie bewerten nicht, was sie tun oder wie sie sich verhalten. Tun

Sie dasselbe mit Ihren Sorgen. Lassen Sie sie in Ihr Bewusstsein kommen und anschließend vorbeiziehen – ganz so wie die Menschen, die an Ihrer Parkbank vorbeikommen. Oder stellen Sie sich Ihre Sorgen als Wolken vor, die über den Himmel ziehen. Auch sie kommen in Ihr Blickfeld und ziehen anschließend weiter.

Akzeptieren kann helfen, mit Zweifeln und Ungewissheiten zurechtzukommen, besonders wenn Sie dazu neigen, sich wegen Dingen Sorgen zu machen, auf die Sie wenig Einfluss haben. So könnten Sie beispielsweise Sorge haben, dass Sie womöglich an Krebs erkranken, dass Sie Ihren Job verlieren oder überfallen werden.

Schwierigkeiten im Umgang mit Zweifeln und Ungewissheiten sind ein wichtiger Faktor für Ängste und Sorgen. Aber die Fixierung auf den schlimmsten anzunehmenden Fall kann nicht verhindern, dass dieser tatsächlich eintritt. Das Einzige, was Sie damit erreichen: Sie versäumen es, die guten Dinge in Ihrem Leben jetzt und hier zu genießen.

Wenn Sie sich also nicht länger sorgen wollen, müssen Sie als Erstes Ihr Bedürfnis nach Sicherheit und sofortigen Antworten befriedigen. Hier spielt die Bereitschaft, zu akzeptieren, eine wichtige Rolle. Akzeptieren heißt nicht, dass Sie Ihre Gefühle und die Gründe dafür analysieren. Wichtig ist lediglich, dass Sie diese Gefühle bewusst registrieren, egal worauf sie sich gründen.

2. Seien Sie neugierig – nutzen Sie den Anfängergeist

Sorgen können von vergangenen Ereignissen und Erfahrungen beeinflusst sein. Wenn Sie Erinnerungen immer wieder wachrufen und die erinnerten Ereignisse stets auf Neue durchleben, kann dies dazu führen, dass Sie sich auch vermehrt Sorgen wegen der Zukunft machen.

Haben Sie Sorge, dass sich etwas in Zukunft ebenso schlecht entwickelt wie bereits in der Vergangenheit? Vielleicht haben Sie den letzten geselligen Abend oder die letzte Arbeitsbesprechung als schwierig in Erinnerung und fürchten nun, dass die nächste Party oder die nächste Besprechung genauso schrecklich werden wird. Vielleicht müssen Sie sich in Kürze im Krankenhaus einer Operation unterziehen und haben das letzte Mal schlechte Erfahrungen gemacht. Jetzt fürchten Sie sich vor dem nächsten Krankenhausaufenthalt.

Indem Sie auf vertraute Situationen, Erfahrungen oder Ereignisse auf gewohnte Art reagieren, verlieren Sie den Bezug zur Gegenwart und leben stattdessen in der Vergangenheit. Damit verhindern Sie, dass neue Erkenntnisse in Ihr Bewusstsein dringen.

Ein Anfängergeist – eine quasi naive Herangehensweise – ermöglicht es Ihnen, noch einmal von vorn zu beginnen; Sie schieben die Überzeugungen, zu denen Sie in der Vergangenheit gekommen sind, und die Schlussfolgerungen, die Sie zuvor gezogen haben, im Kopf beiseite.

Stattdessen überlegen Sie, was Sie aus den vergangenen Situationen *gelernt* haben. Welche Lektionen aus der Vergangenheit können Ihnen helfen, damit das nächste Erlebnis besser wird?

Was könnten Sie beispielsweise bei der nächsten Party anders machen? Vielleicht bringen Sie einen Freund oder eine Freundin mit, damit Sie nicht ohne einen Gesprächspartner dastehen. Vielleicht haben Sie aus Ihren Krankenhauserfahrungen gelernt, wie wichtig es ist, dass Sie klar kommunizieren, welche Art von Pflege und Medikation Sie sich wünschen; und vielleicht können Sie einen Familienangehörigen oder einen Freund bitten, für Sie den Anwalt zu spielen.

Offenheit für neue Möglichkeiten kann Sorgen und Ängste lindern, denn wenn Sie sich darüber klar werden, was Sie anders machen können, vermindern Sie die Unsicherheit – eines der Merkmale von Sorge und Angst.

Halten Sie nach etwas Neuem Ausschau, das Sie diesmal ausprobieren können. Machen Sie sich bewusst, dass es tatsächlich etwas gibt, was Sie anders machen können als das letzte Mal.

3. Schaffen Sie Platz im Kopf; halten Sie Dinge schriftlich fest

Häufig betreffen unsere Sorgen Ereignisse, die mit großer Wahrschein-lichkeit *nicht* eintreten. Das machen wir uns aber nicht klar, weil wir zu sehr mit dem beschäftigt sind, was passieren *könnte*. Versuchen Sie, Ihre Sorgen aufzuschreiben.

Wenn Sie Ihre Gedanken, Ängste und Sorgen, die sich um Vergangenes und Zukünftiges drehen, schriftlich festhalten, schaffen Sie Platz im Kopf, sodass Sie sich wieder auf die Gegenwart konzentrieren können. Halten Sie Stift und Papier griffbereit. Wenn Sie dann ein bestimmter Gedanke quält, können Sie ihn schnell aufschreiben und buchstäblich beobach-ten – und auf diese Weise selbst frei werden für die Gegenwart.

Von Zeit zu Zeit können Sie dann nachlesen, was Sie einige Wochen zuvor geschrieben haben, und dies mit dem vergleichen, was daraus geworden ist. Ereignisse, die Sie so sehr gefürchtet haben, sind entweder nicht ein-getreten, oder aber sie sind eingetreten und Sie haben in geeigneter Weise darauf reagiert und die Situation aktiv gemanagt.

4. Konzentrieren Sie sich auf das, was Sie beeinflussen können

Wenn Sie wegen einer Situation besorgt sind, sollten Sie diese Sorgen nicht dadurch verstärken, dass Sie nach der perfekten Lösung suchen. Ihre Sorge und die Lösung des Problems sind zwei völlig verschiedene Dinge.

Um ein Problem zu lösen, analysieren Sie zuerst die Situation und ent-wickeln Schritte, wie Sie darauf reagieren können. Anschließend setzen Sie den Plan im Jetzt, in der Gegenwart, um. Die Sorge hingegen führt Sie nur selten zu einer Lösung. Mögen Sie auch noch so viel Zeit damit ver-bringen, sich Schreckensszenarien durch den Kopf gehen zu lassen – Sie werden dennoch im Ernstfall nicht besser darauf vorbereitet sein.

Notieren Sie alle möglichen Lösungen, die Ihnen einfallen. Konzentrieren Sie sich auf das, was Sie verändern *können*, und nicht auf Dinge, die Sie nicht in der Hand haben. Nachdem Sie sich für eine Option entschieden haben, erstellen Sie einen Handlungsplan. (Das ähnelt sehr der Arbeit an Ihren Zielen, siehe dazu auch »Achtsame Ziele« in Kap. 7.)

Sobald Sie einen Plan haben und anfangen, in der Angelegenheit etwas zu unternehmen, werden Ihre Sorgen nachlassen. Denn jetzt denken und handeln Sie in der Gegenwart, anstatt immer nur an die Zukunft zu denken und sich deswegen Sorgen zu machen.

5. Sprechen Sie darüber

Sprechen Sie ruhig und beschwichtigend zu sich selbst, wie Sie es mit einem Freund oder einer Freundin machen würden, die gerade eine schwierige Zeit durchlebt. Sagen Sie positive Sätze wie: »Auch das geht vorüber!«

Indem Sie mit jemand anderem über Ihre Sorgen sprechen, erkennen Sie besser, welche Optionen Sie haben oder wie die Lösung aussehen könnte. Dieser Jemand könnte ein Freund, Verwandter oder Kollege sein.

Vielleicht haben Sie auch das Bedürfnis, mit jemandem zu sprechen, der nicht unmittelbar an Ihrem Leben beteiligt ist: einem Arzt, einem Berater oder einer Selbsthilfegruppe für Menschen in bestimmten Situationen.

6. Gönnen Sie sich »Sorgenzeit« und ziehen Sie anschließend weiter

Manche Menschen empfinden es als hilfreich, sich täglich eine gewisse Zeit mit ihren Sorgen zu beschäftigen. Anschließend legen sie sie im Geiste beiseite und widmen sich anderen Dingen, von denen sie wissen, dass diese sie ablenken und vollkommen in Anspruch nehmen – Dingen, die sie gerne tun und die sie daran hindern, sich zu sehr auf ihre Sorgen zu konzentrieren. Flow-Aktivitäten haben diese Eigenschaft; sie verschaffen uns eine echte Pause von der Beschäftigung mit der Vergangenheit und dem Sichsorgen um die Zukunft.

Überlegen Sie, auf welche Aktivitäten Sie zurückgreifen können, wenn Sie von Ihren Sorgen abschalten wollen – etwas, was Sie zehn Minuten oder eine Stunde lang abtauchen lässt, was Konzentration und Einsatz fordert und Ihre komplette Aufmerksamkeit auf das Jetzt und Hier lenkt. Das könnte ein fesselnder Roman, ein Puzzle, eine Runde mit dem Fahrrad oder eine kurze Yogasequenz sein – was auch immer es Ihrem Geist schwer macht, immer wieder abzuschweifen, und Ihren Gedanken über die Gegenwart oder die Zukunft Raum verschafft.

Ein Geist im Flow-Zustand ist bekanntlich so sehr mit einer Sache beschäftigt, dass kein Raum für sorgenvolle Gedanken bleibt.

7. Bauen Sie durch Sport und bewusste Atmung Spannung ab

Sport ist eine gute Möglichkeit, die Übermacht der Sorgen zu verhindern, weil er unsere Aufmerksamkeit auf unseren Körper lenkt. Auf diese Weise baut er Spannung ab und verbraucht Adrenalin. Sie brauchen dazu kein langes Lauftraining oder das Fitnessstudio. Ein guter Spaziergang bringt ebenso viel.

Es klingt recht einfach, sich mithilfe von Achtsamkeitsübungen und -techniken auf die Gegenwart zu konzentrieren – aber es will gelernt sein. Anfangs wird Ihr Geist vermutlich immer wieder zu den Sorgen zurückwandern.

Bedenken Sie jedoch, dass Sie jedes Mal, wenn Sie sich zurück in die Gegenwart bringen, eine neue Gewohnheit verstärken, die Ihnen helfen wird, sich aus dem Kreislauf von Sorge und Angst zu befreien.

Wenn wir von Sorgen oder Ängsten geplagt werden, wird unsere Atmung häufig schwerfällig und flach. Da kann es helfen, Atemtechniken zu trainieren und sich regelmäßig sportlich zu betätigen, um die Spannung abzubauen.

ÜBUNG: SPANNUNG

Wenn uns Gedanken und Gefühle der Angst überwältigen, spüren wir häufig ein Beklemmungsgefühl im Bereich der Brust und der Kehle. Auch wenn es sich in Wahrheit um eine Verspannung der Brust- und Halsmuskulatur handelt, fühlen wir uns häufig so, als bekämen wir nicht genug Luft. Das kann dann zu Panik und Schwindel führen, was uns wieder in unserem Eindruck bestärkt, wir bekämen tatsächlich nicht genug Luft. Bevor wir wissen, wie uns geschieht, setzt eine Spirale der Angst ein, bei der eine Angst die nächste auslöst. Was können wir dagegen tun?

Nehmen Sie es zur Kenntnis und akzeptieren Sie es. Wenn Sie merken, dass Ihr Atem flach wird, lassen Sie dies einfach zu. Je mehr Sie eine Empfindung einfach zulassen können, ohne darauf mit ängstlichen Gedanken zu reagieren, desto besser.

Sagen Sie sich selbst, dass die Muskelanspannung okay ist – sie kann da bleiben, solange sie möchte. Sie stellt kein Problem dar, denn Sie werden deshalb nicht aufhören zu atmen.

Wollen Sie sich selbst davon überzeugen? Das können Sie tun, indem Sie tief Luft holen und den Atem so lange wie möglich anhalten. Das macht Ihnen vielleicht Angst, weil Sie sich ohnehin schon um Ihre Atmung sorgen. Nachdem Sie Ihren Atem eine kurze Zeit lang angehalten haben, werden Sie den Zwang verspüren, rasch auszuatmen und erneut Luft zu schöpfen. Während Sie die verbrauchte Luft herauslassen und nach neuer Luft schnappen, stellen Sie sich am besten vor, wie Sie zugleich Ihre Furcht entweichen lassen.

Wiederholen Sie den Vorgang mehrmals. Stellen Sie sich jedes Mal, wenn Sie ausatmen, vor, wie Ihre Furcht den Körper verlässt.

Ihr Atem wird sich natürlich normalisieren.

Diese Übung kann Ihnen helfen, mehr Zuversicht in die Fähigkeit Ihres Körpers zur Atmung zu gewinnen. Sie lernen, dass Sie mit Ihrer Atmung tun können, was Sie wollen – der Körper behält die Kontrolle und sorgt selbstständig dafür, dass Sie atmen können.

Sobald Sie bewusst atmen, wird es Ihnen besser gelingen, sämtliche Aspekte Ihres Fühlens in den Augenblick einzubringen. Und weil alle diese Aspekte – Ihre physische Reaktion, Ihr Denken und Ihr Verhalten – zusammenhängen, werden Sie in dem Augenblick, in dem Sie bewusster atmen, zugleich auch bewusster denken und sich bewusster verhalten.

Wenn Sie den Eindruck haben, dass die Fokussierung auf die Atmung die Situation nur schlimmer macht – dass in Augenblicken, in denen Sie sich zu viele Sorgen machen, *alles* zum Problem wird, worauf Sie Ihre Aufmerksamkeit lenken –, dann sollten Sie überhaupt nicht über Ihre Atmung nachdenken. Probieren Sie in diesem Fall eine andere Aufmerksamkeitstechnik aus.

Wenn Sie das achtsame Atmen trainieren, während Sie gerade *nicht* von Sorgen und Ängsten geplagt werden, etablieren Sie damit eine hilfreiche Gewohnheit, auf die Sie leicht zurückgreifen können, wenn Sie das nächste Mal Stress, Sorgen oder Ängste haben.

Konzentrieren Sie sich auf das, was gerade jetzt passiert

Wenn Sie kurz vor einer Situation stehen, die Sie mit Sorge erfüllt, beispielsweise ein Arzttermin oder ein Bewerbungsgespräch, sollten Sie sich auf etwas anderes konzentrieren – ein Buch, das Sie gerade mit Vergnügen lesen, oder Musik auf Ihrem iPod. Wenn Sie merken, dass ängstliche Gedanken von Ihnen Besitz ergreifen, achten Sie am besten auf das, was gerade passiert, indem Sie beispielsweise andere Menschen beobachten oder Ihre Umgebung im Detail studieren. Jedes Mal wenn sich dann ein beunruhigender Gedanke meldet, nehmen Sie ihn einfach zur Kenntnis, lassen ihn vorbeiziehen und konzentrieren sich dann wieder auf die Musik, auf die Menschen um Sie herum oder was sich sonst noch vor Ihren Augen abspielt. Wenn es nichts zu beobachten gibt, konzentrieren Sie sich auf Ihre Atmung.

Anfangs wird Ihr Geist vermutlich immer wieder zu den Sorgen zurückwandern. Rufen Sie sich dann noch einmal Ihre gerade neu gewonnene
Erkenntnis in Erinnerung: Jedes Mal wenn Sie sich zurück in die Gegenwart bringen, verstärken Sie eine neue Gewohnheit, die Ihnen helfen wird,
sich aus dem Kreislauf von Sorge und Angst zu befreien.

Vom Umgang mit Schuldgefühlen

Nachdem Mishkas Vater John einen leichten Schlaganfall erlitten hatte,
überredete sie ihn, von London nach Cornwall umzuziehen, um in ihrer
Nähe zu sein. Die ersten Jahre funktionierte das gut – John gewann neue
Freunde und genoss das Leben in der Kleinstadt. Oft hütete er die Enkel-
kinder über Nacht, wenn Mishka bis spätabends zu arbeiten hatte. Als
John eines Tages einen weiteren Schlaganfall erlitt und schwer stürzte,
war klar, dass er von nun an intensiver Pflege bedurfte.

Seit Mishkas ältester Sohn zu Hause ausgezogen war, hatte sie ein freies
Zimmer. Sie bestand darauf, dass John zu ihr zog, wo sie sich um ambu-
lante Pflegekräfte kümmern wollte, die nach ihm schauten. Das funktionierte jedoch nicht. Mishka fiel es zunehmend schwer, den Wünschen
und Bedürfnissen ihres Vaters gerecht zu werden. Stress und Verbitterung
nahmen immer mehr zu. Am Ende war sie der Situation nicht länger gewachsen.

Nach sechs Monaten in ihrem Haus zog John in ein Altersheim. Einen
Monat später stürzte er und brach sich die Hüfte. Wenige Wochen später
starb er an den Komplikationen der Hüftoperation.

»Ich trug *riesige* Schuldgefühle mit mir herum. Ich hatte meinen Vater
überredet, nach Cornwall und später zu mir zu ziehen. Ich hätte mich um
ihn kümmern müssen. Aber ich konnte es einfach nicht. Es war unmöglich.«

Schuldgefühle mit sich herumzutragen, ist wie eine Bergtour, bei der wir ständig Steine auflesen und in unseren Rucksack werfen. Jedes Mal wenn wir an das Geschehene denken, holen wir einen Stein heraus und schlagen uns damit an den Kopf. Das ist unnötiges Leid! Wir tragen ein schweres Gewicht mit uns herum, das uns niederdrückt und am Weiterkommen hindert.

Wenn wir uns das, was wir getan oder nicht getan haben, zum Vorwurf machen, etablieren wir destruktive Denkweisen, die uns am Ende nur noch weiter runterziehen.

Es ist viel besser, wenn wir uns das Leben *nicht* selbst schwer machen, und zwar aus einem sehr praktischen Grund: Indem wir uns selbst verzeihen, können wir unsere Fehler hinter uns lassen und uns darauf konzentrieren, positive Schritte in der Gegenwart zu unternehmen.

Schuldgefühle *können* eine positive Rolle erfüllen, wenn sie uns dazu bringen, unser Verhalten zu ändern. Wir machen uns bewusst, dass wir etwas Falsches getan haben, und vergleichen unser tatsächliches Verhalten mit dem angemessenen Verhalten. Diese Erkenntnis allein kann uns motivieren, Dinge in Ordnung zu bringen und / oder unser Verhalten zu ändern.

Ob wir uns schuldig fühlen, weil wir eine ganze Packung Kekse gegessen, einen geliehenen Gegenstand beschädigt oder verloren oder einen Verwandten enttäuscht haben – solche Schuldgefühle machen alle unsere guten Absichten zunichte, nehmen uns die Energie und bereiten uns Stress und Angst.

Eine Studie[5] hat gezeigt, dass Menschen, die sich ihre Regelverstöße verzeihen, sich beim nächsten Anlauf besser verhalten als Menschen, die sich große Vorwürfe machen.

---

5 M. Wohl, T. A. Pychyl und S. H. Bennett, »I forgive myself, now I can study – How self-forgiveness for procrastinating can reduce future procrastination«, *Personality and Individual Differences*, 2010, Bd. 48, S. 803–808

Mit anderen Worten: Indem sie sich von Schuldgefühlen befreiten, konnten diese Menschen ihre guten Absichten besser umsetzen, sodass sie sich beim nächsten Mal nicht mehr schuldig zu fühlen brauchten. Anstatt über die Vergangenheit nachzugrübeln, nutzen wir unsere Schuldgefühle demnach am besten, wenn wir sie wahrnehmen, das Geschehene akzeptieren, daraus lernen, uns klarmachen, was zu tun ist, und uns anschließend wieder anderen Dingen zuwenden.

1. Es handelt sich um ein Gefühl

Machen Sie sich klar, dass wir es hier lediglich mit dem *Gefühl* zu tun haben, wir hätten etwas falsch gemacht. Das muss noch lange nicht heißen, dass uns *tatsächlich* ein Fehler unterlaufen ist. Beginnen Sie also damit, exakt zu beschreiben, was Sie Ihrer Meinung nach falsch gemacht haben.

Mishkas Schuldgefühle resultierten aus dem Umstand, dass sie einfach nicht in der Lage gewesen war, für ihren Vater in dessen letzten Monaten ausreichend zu sorgen; sie hatte außerdem das Gefühl, dass das, was sie für ihn getan hatte, nicht das Richtige gewesen zu sein schien.

Im nächsten Schritt akzeptieren Sie die Verantwortung für das, was geschehen ist. Ja, es stimmt, dass Sie dies oder das nicht getan haben, und ja, Sie haben dieses oder jenes nicht wirklich gut gemacht.

Mishka musste sich eingestehen: »Ja, ich habe meinen Vater überredet, zu mir zu ziehen. Es war meine Entscheidung – niemand hat mich dazu gezwungen. Ja, es fiel mir ausgesprochen schwer, für ihn zu sorgen. Ich tat es immer widerwilliger.«

Dass wir das Geschehene akzeptieren und die Verantwortung dafür übernehmen, heißt nicht, dass wir uns die Schuld dafür geben. Verantwortung akzeptieren heißt verstehen, was uns dazu gebracht hat, die Fehler zu machen, und Schritte zu unternehmen, um ähnliche Fehler in Zukunft zu vermeiden. Machen Sie sich eines klar: Selbstbeschuldigungen und -bestrafungen können nicht verhindern, dass Sie in Zukunft wieder ähnliche Fehler machen, weil Sie nichts daraus gelernt haben.

Mishkas Fehler bestand einfach darin, dass sie ihre Fähigkeit, nach dem zweiten, schwereren Schlaganfall für ihren Vater zu sorgen, überschätzt hatte. Etwas, was wir aus positiver Absicht und insbesondere ohne Eigeninteresse tun, kann nicht schlecht sein.

Mishka hatte unter diesen Umständen nach bestem Wissen und Gewissen gehandelt. Heute weiß sie: »Damals schien es das Einzige zu sein, was ich tun konnte, aber aus heutiger Sicht würde ich anders handeln.«

2. Aus Fehlern lernen, statt ihnen nachzuhängen

Wir sind alle nur Menschen; natürlich machen wir Fehler. Wir müssen auch unangenehme Folgen unseres Tuns sowie Schuld- und Reuegefühle akzeptieren. Aber wir dürfen uns von ihnen nicht vereinnahmen lassen. Wir müssen akzeptieren, dass wir die Vergangenheit nicht ändern können; das, was wir getan haben, ist getan, und das, was wir nicht getan haben, ist unterblieben. Wunschdenken ändert daran gar nichts.

Sobald wir uns klargemacht haben, was schiefgelaufen ist und was davon in unseren Verantwortungsbereich fällt, können wir darüber nachdenken, was wir aus der Situation lernen können. Und dieses neue Wissen nützt uns heute und jetzt. Mishka kann nicht mehr ändern, was mit ihrem Vater geschehen ist, und sie kann ihn auch nicht mehr um Vergebung bitten. Aber sie hat gelernt, wo ihre Grenzen sind und dass sie sich nicht mehr zumuten darf, als sie leisten kann.

Sie können versuchen, Wiedergutmachung zu leisten, sofern dies möglich ist. So können Sie beispielsweise für Schäden zahlen oder Dinge ersetzen, die Sie geliehen und verloren haben. Häufig jedoch ist die Situation nicht mehr zu ändern. Aber mit dem nötigen Anfängergeist können Sie aus Ihren Fehlern lernen und noch einmal neu anfangen. Sie können den Rucksack von den Steinen befreien, aufhören, sich den Kopf einzuschlagen, und sich auf neue Herausforderungen einlassen.

Auf den Punkt gebracht

- Gehen Sie mit dem nötigen Anfängergeist ans Werk und lösen Sie sich von Vorstellungen, die Sie in der Vergangenheit von schwierigen Situationen gewonnen haben.

- Nehmen Sie negative Emotionen zur Kenntnis und akzeptieren Sie sie, anstatt sie zu unterdrücken oder zu bekämpfen.

- Widerstehen Sie dem Drang, sofort zu reagieren; atmen Sie erst einmal tief durch.

- Begegnen Sie Wut mit positiven, aufbauenden Techniken.

- Befreien Sie sich von Ihren Ängsten und Sorgen, die um Vergangenheit und Zukunft kreisen. Schreiben Sie sie auf und wenden Sie Ihre Aufmerksamkeit dann wieder der Gegenwart zu.

- Gestehen Sie sich Zeit für die Beschäftigung mit Ihren Sorgen – »Sorgenzeit« – zu und widmen Sie sich anschließend wieder anderen Dingen.

- Akzeptieren Sie die Verantwortung für Ihre Fehler und lernen Sie daraus, anstatt sich deswegen Vorwürfe zu machen.

6 Achtsamkeit als Seelenbalsam: Selbstachtung, Selbstvertrauen und Allein-sein-Können

Was hat Achtsamkeit mit Selbstachtung zu tun? Alles! Selbstachtung und Selbstsicherheit hängen wesentlich von unseren Gedanken, Überzeugungen und Ideen bezogen auf uns selbst ab, egal ob es um die Vergangenheit oder die Zukunft geht.

Wenn Sie positiv über Ihre Handlungen und Verhaltensweisen in der Vergangenheit denken (das kann gestern, letzte Woche oder vor vielen Jahren gewesen sein) und beispielsweise Stolz, Dankbarkeit und Erleichterung empfinden, dann haben Sie vermutlich ein gutes Gefühl sich selbst gegenüber. Wenn es hingegen unglückliche Gedanken und Gefühle sind und Sie etwa Schuld und Reue empfinden, dann haben Sie jetzt möglicherweise eine geringe Selbstachtung und ein geringes Selbstwertgefühl.

Wenn Ihre Ideen und Erwartungen mit Blick auf die Zukunft negativ sind, wenn Sie Angst, Sorgen, Furcht oder Hoffnungslosigkeit empfinden, dann mangelt es Ihnen möglicherweise an Selbstvertrauen und Selbstachtung.

Wenn Ihre Ideen und Erwartungen mit Blick auf die Zukunft hingegen positiv und Sie voller Zuversicht und Optimismus sind, kann das als Inspiration, Hoffnungsquell und Motivation für das dienen, was in Zukunft möglich ist und was Sie erreichen können. Sie haben ein zuversichtliches und positives Gefühl sich selbst gegenüber.

Während die Gründe, warum jemand allein ist oder es ihm an Selbstachtung und Selbstvertrauen fehlt, von Mensch zu Mensch verschieden sein können, ist das Ergebnis häufig dasselbe; wir fühlen uns traurig, allein und von anderen Menschen abgeschnitten.

Achtsamkeit kann uns helfen, ein gutes Gefühl uns selbst gegenüber und den eigenen Fähigkeiten zu entwickeln, uns mit anderen Menschen verbunden zu fühlen und im Leben einen Sinn zu sehen. Dazu finden Sie im Folgenden zahlreiche Tipps und Ideen.

Selbstvertrauen durch Achtsamkeit

Mit »Selbstbewusstsein« ist nicht gemeint, was wir können oder nicht können – es geht dabei vielmehr darum, dass wir von etwas *denken* oder *glauben*, es zu können oder nicht zu können. So sind wir möglicherweise zuversichtlich, dass wir einen Mathematiktest bestehen. Wir *glauben*, dass wir ihn bestehen können. (Wie unser tatsächliches Ergebnis dann aussieht, ist eine ganz andere Frage.)

Selbstvertrauen hängt eng mit dem Selbstbewusstsein zusammen und kann wie folgt beschrieben werden: Welches *Gefühl* haben wir bezogen auf das, was wir können oder nicht können? Und haben wir im Hinblick auf die Dinge, die wir können oder nicht können, ein gutes, schlechtes oder unentschiedenes Gefühl?

Wenn Sie bezogen auf Ihre Fähigkeiten ein positives Gefühl haben, verfügen Sie vermutlich über viel Selbstvertrauen. Wenn diese Gefühle eher negativ sind und Sie sich persönlich schlecht fühlen, haben Sie vermutlich ein geringes Selbstvertrauen.

Das Folgende ist Eloise vor ein paar Jahren passiert:

»Ich bekam einen tollen Job als Juniorreporterin für eine Modezeitschrift. Aber ich machte mir Sorgen, ob ich dort hineinpassen würde; würde ich den richtigen Eindruck hinterlassen? Die Leute könnten denken, dass ich zu wenig Erfahrung mitbrächte. Ich besaß nicht die richtige Kleidung, war nicht modisch genug. Ich sagte mir selbst lauter negative Dinge.

Ich begann, Geld für modische Kleidung auszugeben, und besuchte zusammen mit meinen Kollegen teure Klubs, Bars und Restaurants. Die Rechnungen summierten sich immer mehr; ich wollte mit den Kollegen mithalten und als meine Kreditkarten ihr Limit erreichten, beantragte ich einen höheren Kredit. Bevor ich mich versah, hatte ich 10 000 Pfund Schulden.

Ich erzählte niemandem davon, nicht einmal meiner besten Freundin. Als mir klar wurde, wie schlecht die Dinge standen, fühlte ich mich wie gelähmt vor lauter Sorgen und Selbstzweifeln. Ich empfand Schuldgefühle und Reue, als ich an die hohen Ausgaben der letzten zwei Jahre dachte. Ich sagte mir, dass ich dumm und naiv gewesen war. Ich machte mir Sorgen wegen der Zukunft und redete mir selbst ein, dass die Situation hoffnungslos war und ich mich daraus nicht würde befreien können.

Die Dinge änderten sich, als ich zu akzeptieren begann, dass ich das, was geschehen war, nicht ändern konnte. Aber was als Nächstes geschehen würde, lag durchaus in meiner Hand. Ich ging zu einer Schuldenberatung und sie halfen mir zu erkennen, welche Möglichkeiten ich hatte.

Sobald ich wusste, in welche Richtung es ging und woran ich mich orientieren konnte, empfand ich dies als große Erleichterung. Ich fühlte mich sofort besser; ich fühlte, wie ich in die Gegenwart zurückkehrte und wieder Grund unter den Füßen hatte. Ich gratulierte mir selbst dazu, dass ich die Situation in den Griff bekommen hatte, und sagte mir, dass es eine gute Idee gewesen war, mir Hilfe zu suchen. Selbst wenn es Rückschläge gab, war ich zuversichtlich, dass ich früher oder später schuldenfrei sein würde.«

Verbannen Sie negative Selbstgespräche

Welches Gefühl haben Sie, wenn Sie an Ihr »Zukunfts-Ich« denken? Sehen Sie Möglichkeiten und Positives für Ihre Zukunft oder ist Ihre Zukunft negativ und schwierig? Führt eine neue Herausforderung regelmäßig dazu, dass sich bei Ihnen Selbstzweifel melden? Sagen Sie sich »Ich werde dazu niemals fähig sein«, »Ich bin nicht gut genug« oder »Ich kann das nicht«?

Welches Gefühl haben Sie, wenn Sie an Ihr »Vergangenheits-Ich« denken? Wenn Sie es negativ bewerten, kann das Ihre Selbstachtung verringern. Neigen Sie beispielsweise dazu, sich selbst zu verurteilen, wenn Sie einen Fehler gemacht haben? Sagen Sie dann beispielsweise zu sich selbst Sätze wie »Wie konnte ich nur so dumm sein«, »Ich bin ein hoffnungsloser Fall« oder »Ich hab's *wieder einmal* vermasselt«?

Diese Art von Selbstgespräch führt Sie in diverse Denkfallen (voreilige Schlussfolgerungen, Katastrophendenken, Tunneldenken und so weiter), die Ihr Selbstbewusstsein untergraben und Sie glauben machen, dass Sie gewisse Dinge nicht könnten. Negative Selbstgespräche untergraben auch Ihr Selbstvertrauen und Ihre Selbstachtung und vermitteln Ihnen bezogen auf sich selbst ein schlechtes Gefühl.

Achtsamkeit kann Ihr Bewusstsein für diese wertenden Gedanken stärken – dafür, wie wenig hilfreich sie sind und wie sehr sie zu Ihrem schlechten Gefühl beitragen. Wenn Sie das nächste Mal einen Fehler machen oder das Gefühl haben, etwas vermasselt zu haben, sollten Sie es mit Achtsamkeit versuchen. Brüten Sie nicht endlos darüber, was geschehen ist, verschwenden Sie nicht zu viel Zeit damit, sich deswegen schlecht zu fühlen. Sie sollten stattdessen akzeptieren, dass Sie das, was Sie getan oder zu tun versäumt haben, nicht mehr ändern können. Aber Sie haben sehr wohl Einfluss auf das, was von jetzt an geschieht.

1. Akzeptieren Sie Ihre Fehler und lernen Sie daraus

Sich selbst zu akzeptieren, ist ein wichtiger Teil der Selbstachtung und des Selbstvertrauens. Manche Menschen glauben, sie könnten sich nicht in positiver Weise verändern, wenn sie sich so akzeptieren würden, wie sie sind. Aber ein schlechtes Gefühl für das eigene Selbst kann uns lähmen und jede Veränderung unmöglich machen.

Was immer Sie getan haben und was immer geschehen ist – Sie sollten akzeptieren, dass Sie das, was geschehen ist, nicht mehr ändern können. Natürlich ist die Wahrscheinlichkeit groß, dass Sie sich schlecht fühlen, wenn Sie einen Fehler gemacht haben oder der Erfolg ausbleibt. Möglicherweise haben Sie Schuld- oder Reuegefühle und das kann die notwendige Motivation dafür sein, etwas zu verändern. Aber negative Gefühle – Schuld, Scham, Verlegenheit – sind nur kurzfristig hilfreich. Wenn Sie die meiste Zeit über ein schlechtes Gefühl haben, verbrauchen Sie damit lediglich die Energie, die Sie hätten nutzen können, um eine positive Veränderung zu bewirken (siehe »Vom Umgang mit Schuldgefühlen«).

Sobald Sie die Situation nicht länger mit destruktiven Gedanken begleiten, haben Sie den ersten Schritt nach vorn getan. Sie können nicht verändern, was geschehen ist, aber Sie können beeinflussen, was als Nächstes geschieht.

Denken Sie an eine Situation, in der Ihnen ein Fehler unterlaufen ist oder Sie mit irgendetwas keinen Erfolg hatten und sich deswegen schlecht fühlten. Was hätten Sie anders machen können und was könnten Sie das nächste Mal anders machen?

2. Anfängergeist

Menschen mit großem Selbstvertrauen sehen Fehler und Niederlagen als Chance, um etwas über sich selbst zu lernen. Sie zeigen »Neugier«, indem sie alle Bewertungen und Schlussfolgerungen, die von früheren Verhaltensweisen und Handlungen herrühren, ignorieren und stattdessen darüber nachdenken, was sie aus diesen Erfahrungen gelernt haben. Sie machen sich bewusst, welche neuen Erkenntnisse sie gewonnen haben und wie sie sich das nächste Mal entsprechend anders verhalten können.

3. Konzentrieren Sie sich auf Dinge, die Ihnen ein gutes Gefühl vermitteln

Selbstvertrauen und Selbstachtung basieren auf den Themen und Bereichen unseres Lebens, die uns wichtig sind; auf den Dingen, die wir gern tun und in denen wir vergleichsweise gut sind. Diese Bereiche können beispielsweise mit Beruf, Familie, Freunden, Hobbys, Sport oder Interessen zu tun haben. Es sind die »Flow«-Aktivitäten, bei denen Sie fühlen, dass Sie die Kontrolle haben, weder Versagensängste noch Gehemmtheit Sie plagen und Sie wissen, was Sie tun und wohin die Reise geht.

Diese Aktivitäten haben Belohnungscharakter; und mögen sie auch gewisse Herausforderungen mit sich bringen, so scheint der erforderliche Aufwand durchaus leistbar zu sein. Wir bekommen sofortiges Feedback – wir wissen, was wir gut gemacht haben und was nicht, und wir richten unser Tun an den zu bewältigenden Schwierigkeiten aus.

Für Ihre Selbstachtung und Ihr Selbstvertrauen ist entscheidend, dass Sie, was Ihren persönlichen Beitrag zum Geschehen betrifft, ein produktives und gutes Gefühl haben.

Was tun Sie gerne? Was bereitet Ihnen Freude und macht Ihnen Spaß? Gibt es Aktivitäten in Ihrem Leben, die Ihnen ein Gefühl der Befriedigung vermitteln und Ihnen helfen, Ruhe, eine innere Mitte und Verbundenheit zu empfinden?

Finden Sie heraus, was Sie gerne tun, und tun Sie es häufiger!

Der Einsamkeit mit Achtsamkeit begegnen

Die meisten Menschen fühlen sich von Zeit zu Zeit einsam. Scheidung, Verlust eines geliebten Menschen, Krankheit, Behinderung, Diskriminierung und Jobverlust sind verbreitete Gründe für Einsamkeit. Und obwohl es aufregend und positiv sein kann, in eine neue Gegend zu ziehen, einen neuen Job zu beginnen oder ein Kind zu bekommen, stellen Menschen häufig fest, dass neue Erfahrungen ein Gefühl der Einsamkeit vermitteln können.

Manche Menschen fühlen sich ständig und auch ohne äußeren Anlass wie Scheidung, Trauerfall oder Geburt eines Kindes einsam.

Und so klischeehaft es klingen mag, so wahr ist es mitunter: Auch in einer Menschenmenge kann man sich einsam fühlen.

Unabhängig von den Umständen geht es hier stets um ein Gefühl der Nichtzugehörigkeit. So unterschiedlich die Umstände sind, in denen sich ein Gefühl der Einsamkeit einstellt – das Ergebnis ist fast immer das gleiche: Wir fühlen uns traurig, allein und von niemandem verstanden.

Ist Alleinsein dasselbe wie Einsamsein?

Es gibt einen Unterschied zwischen Alleinsein und Einsamsein. Allein sein bedeutet schlicht, dass wir getrennt von anderen und auf uns allein gestellt sind. Damit daraus Einsamkeit wird, muss unser Geist den physischen Zustand des Alleinseins in den emotionalen Zustand des Einsamseins verwandeln.

»Einsamkeit« beschreibt das als Unglück empfundene Gefühl, isoliert zu sein und keinen Kontakt zu haben. Wenn Sie einsam sind, haben Sie vermutlich das Gefühl, dass Ihnen freundliche Weggefährten und echte Unterstützung im Leben fehlen. Möglicherweise haben Sie das Gefühl, dass niemand Sie versteht oder dass die Menschen Sie missverstehen.

Wenn Sie einsam sind, neigen Sie dazu, in Grübeleien über die Vergangenheit und die Zukunft zu verfallen, die sich im Kreis drehen und das Gefühl der Beziehungslosigkeit (und damit der Einsamkeit) weiter verstärken. Dabei ist es möglich, mit der Einsamkeit positiv umzugehen. Achtsamkeit kann uns helfen zu erkennen, dass ein Gefühl der Verbundenheit mit der Welt stets möglich ist, unabhängig von äußeren Umständen oder inneren Gedanken.

Lernen, allein zu sein

In seinem Buch *Solitude* hinterfragt der Psychiater Anthony Storr die Vorstellung, nach der erfolgreiche persönliche Beziehungen der einzige Schlüssel zum Glück und zum Gefühl der Zugehörigkeit sind. Er vertritt stattdessen die These, dass Hobbys und kreative Interessen ebenso wichtige Quellen für ein Gefühl der Stabilität und Zufriedenheit sein können.

Aus Kapitel 4 dieses Buches kennen Sie vermutlich noch den Ausspruch von Mihály Csíkszentmihályi, dass der Geist, »solange er nichts zu tun hat, Zufallsmustern folgt und dabei häufig an etwas Schmerzvollem oder Verstörendem hängen bleibt«.

Ein Geist jedoch, der mit Flow-Aktivitäten beschäftigt ist, bietet keinen Platz für unerwünschte Gedanken. Indem wir uns auf das konzentrieren, was sich ereignet und was wir tun, verlieren wir unser Gespür für uns selbst. Wir können unser Gefühl von Isolation und Einsamkeit verringern, indem wir Flow-Möglichkeiten schaffen – eine Kombination von Aktivität und Gedanken, die uns vollkommen in den Augenblick eintauchen lässt.

Lassen Sie sich nicht gehen. Anstatt im Gefühl der Einsamkeit zu verweilen, sollten Sie etwas tun!

1. Erkunden Sie Aktivitäten und Hobbys

Haben Sie keine Scheu, neue Dinge auszuprobieren. Neue Erfahrungen geben Ihnen etwas, worüber Sie sprechen können und was Sie mit anderen Menschen in Kontakt bringt. Aktivitäten wie Gartenarbeit, Lesen, Zeichnen, Malen und Schreiben oder Sport wie beispielsweise Yoga, Schwimmen und Radfahren können Ihnen helfen, sich zu entspannen und die gewonnene Ruhe anzunehmen.

Es gibt Aktivitäten, die Sie in den Flow-Zustand versetzen, der es Ihnen ermöglicht, sich aktiver zu fühlen und Verbindung zur Welt aufzunehmen. Egal welche Aktivität Sie wählen – wichtig ist, dass Sie Freude daran haben und erkennen, dass auch allein verbrachte Zeit lohnend sein kann.

Wenn Sie ein Hobby oder eine Leidenschaft haben, in der Sie »sich ver-
lieren« können, werden Sie geradezu nach Momenten suchen, in denen
Sie allein sein können, um sich dem Schreiben, Malen, Backen, Gärtnern,
Radfahren und so weiter zu widmen.

Sie werden auch in der Lage sein, Kontakt zu anderen Menschen aufzunehmen, deren Fähigkeit, zu geben, größer ist als ihre Bedürftigkeit. Sie
werden feststellen, dass Ihr Interesse an diesen Menschen und an der Welt
um Sie herum wächst und dass diese Menschen darauf positiv reagieren.

2. Profitieren Sie bestmöglich von Begegnungen mit anderen

Nehmen Sie mit anderen Menschen über gemeinsame Interessen Kontakt
auf. Finden Sie heraus, was Sie am liebsten tun, egal ob lange Spaziergän-
ge, Schachspielen oder Singen. Vielleicht ist es auch eine Aktivität wie
Fußball, Tennis oder Klettern.

Lernen Sie etwas Neues, das Sie gemeinsam mit anderen Menschen tun
können. Gibt es neue Fähigkeiten oder Interessen, die Sie gerne entwickeln würden? Singen? Ukulele spielen? Wenn Sie an einem Kurs auf An-
fängerniveau teilnehmen, sind Sie in derselben Position wie alle anderen.
Gehen Sie nicht allein mit der Absicht dorthin, Freunde zu finden und
Leute zu treffen. Versuchen Sie, ohne Erwartungen zu sein; schauen Sie
einfach, was passiert.

3. Leisten Sie einen Beitrag

Vor Kurzem hörte ich im Radio, wie eine 103-Jährige nach ihrem Rezept
für ein glückliches Leben gefragt wurde. Sie erwiderte: »Gib mehr, als du
bekommt. Tue Gutes, wo immer du kannst.«

Auch wenn wir einsam sind und das Gefühl haben, mit unseren eigenen
Problemen ausgelastet zu sein, helfen wir damit, dass wir anderen helfen,
zugleich uns selbst. Erleben Sie das gute Gefühl, das sich einstellt, wenn
Sie mit anderen Menschen in Kontakt treten und ihnen helfen.

Für den Anfang reicht es schon, einem einzigen Menschen zu helfen. Wenn Sie sich einsam fühlen, strecken Sie die Fühler aus. Indem Sie sich freiwillig für eine Sache oder andere Menschen einsetzen, verlagert sich Ihre Aufmerksamkeit automatisch von Ihnen weg. Ehrenamtliches Engagement ist eine gute Möglichkeit, nicht nur ein besseres Gefühl angesichts der Probleme der Welt zu bekommen, sondern auch, Menschen kennenzulernen – andere, ebenso engagierte Menschen, mit denen Sie eine echte Verbindung eingehen können.

Wenn Sie etwas Zeit übrig haben, könnten Sie überlegen, ob Sie nicht ein paar Stunden ehrenamtlich arbeiten möchten. Ihr Engagement könnte ein Anliegen betreffen, das Ihnen sehr am Herzen liegt, oder eine Gruppe von Menschen, deren Interessen Ihrem Gefühl nach besonderen Einsatz wert sind.

Die meisten Organisationen, Klubs und Vereine haben eine Website, sodass Sie sich auch im Internet nach Gruppen in Ihrer Gegend umsehen können.

Versuchen Sie, eine Aktivität zu finden, die Folgendes bietet:

- Eine Rolle, die zu Ihren Interessen passt. Sie könnte beispielsweise mit den Bereichen Umwelt und Naturschutz, Kunst und Musik oder vielleicht Familie und Kinder zu tun haben.
- Eine Gelegenheit, Fähigkeiten einzubringen, über die Sie bereits verfügen oder die Sie sich selbstständig aneignen könnten.
- Einen persönlichen Kontakt zu der Person, der Sie helfen, oder zumindest eine emotionale Verbindung, beispielsweise über das Telefon im Falle einer Telefonhotline. Der persönliche Kontakt verstärkt Ihr Verständnis und Ihre Sympathie für die Situation anderer Menschen. Treffen Sie die Menschen, denen Sie helfen, schauen Sie sich an, wie sie leben, und bauen Sie eine Verbindung zu ihnen auf.
- Die Möglichkeit, regelmäßig zu helfen. Peilen Sie mehrere Stunden in der Woche an. Diese Regelmäßigkeit ist wichtig, weil Sie so Unterstützung und Einfühlungsvermögen für andere entwickeln können.

Spiritualität

Das Gefühl der Verbundenheit, das sich einstellt, wenn wir anderen Menschen helfen, ist auch ein wichtiger Aspekt der Spiritualität. »Spiritualität« meint das Gefühl, mit etwas Größerem als uns selbst, mit etwas Ewigem verbunden zu sein.

Dieses Gefühl der Verbundenheit stellt sich vielleicht ein, wenn wir einen Sonnenuntergang betrachten oder die Kraft des Ozeans spüren. Gartenarbeit oder Ausflüge aufs Land können uns die ewigen Kreisläufe der Natur bewusster machen. Auch wenn wir Musik hören und machen, singen oder uns künstlerisch betätigen, kann das ein Gefühl der Verbundenheit auslösen.

Wenn Sie sich in der Nachbarschaft oder in globalen Organisationen wie Amnesty International, dem Roten Kreuz oder dem World Wildlife Fund engagieren, bekommen Sie das Gefühl, Teil von etwas Lohnenswertem zu sein, das auf gemeinsamen Werten aufbaut.

Spiritualität umfasst auch ein Gefühl des Flows – die Erfahrung von energievoller Konzentration, vollem Einsatz und Kontinuität. Im Prinzip ist Flow ein untrennbarer Bestandteil der Spiritualität. Denken Sie beispielsweise an das Singen in einem Chor; es ist achtsam, spirituell und bietet ein Flow-Erlebnis. In einem Chor zu singen verleiht uns Inspiration, inneren Frieden und ein Gefühl der Verbundenheit.

Manche Menschen verbinden Spiritualität mit Religion. Dann haben wir es mit einer speziellen Kombination aus Überzeugungen und Praktiken zu tun, die sich unter anderem intensiv mit der Herkunft, der Natur und dem Zweck aller Dinge auf Erden und überhaupt im Universum beschäftigt.

Für andere jedoch steht Spiritualität schlicht für das Bewusstsein für – und die Verbindung zu – etwas, was uns mit einem Sinn und Zweck im Leben verbindet, der größer ist als wir selbst.

Spiritualität, das ist die Erforschung dieser Idee und das Wissen darum, dass wir, obwohl es Dinge gibt, die Teil der Vergangenheit und der Zukunft sind, sie dennoch jetzt, in der Gegenwart, erleben.

Sie haben die Wahl zu definieren, was das für Sie bedeutet. Entscheiden Sie über die Art und Weise, die Ihnen angemessen erscheint.

4. Treten Sie einer Selbsthilfegruppe bei oder gründen Sie eine

Wenn Sie mit einer schwierigen Situation zu kämpfen haben und Sie sich isoliert und einsam fühlen, ist vielleicht eine Selbsthilfegruppe das Richtige für Sie. Sie kann Ihnen helfen, Bewältigungsstrategien zu entwickeln und mit der Einsamkeit verbundene Gefühle wie Angst, Verbitterung und Hoffnungslosigkeit zu überwinden.

Gute Selbsthilfegruppen vermitteln ihren Mitgliedern ein echtes Gefühl der Verbundenheit; sie fühlen sich zugehörig und als Teil einer Gemeinschaft von Menschen, die sie verstehen.

Selbsthilfegruppen bieten diverse Formen der Hilfe an, mit der Möglichkeit, Erfahrungen und Informationen auszutauschen. Zu wissen, dass man nicht allein ist, kann eine echte Kraftquelle sein.

Ob Sie nun mit einem konkreten Problem in Ihrem Leben zurechtzukommen versuchen oder einfach nur mit gleichgesinnten Menschen zusammenkommen wollen, um einem gemeinsamen Interesse nachzugehen oder ein bestimmtes Anliegen voranzubringen – der Kontakt zu anderen Menschen kann Ihnen ein Gefühl der Verbundenheit vermitteln.

Da die meisten Organisationen, Klubs und Vereine eine eigene Website haben, ist eine Onlinerecherche sicherlich eine gute Idee. Wenn es in Ihrer Gegend keine Selbsthilfegruppe für Ihre spezielle Situation gibt, könnten Sie einfach eine eigene Gruppe gründen.

Auf den Punkt gebracht

- Akzeptieren Sie Ihre Fehler und lernen Sie daraus. Wenn Sie denken, dass Sie eine Sache vermasselt haben, sollten Sie das Ganze nicht noch schlimmer machen, indem Sie negative Selbstgespräche führen. Machen Sie sich stattdessen klar, was Sie aus der Situation gelernt haben.

- Legen Sie »Neugier« an den Tag. Lassen Sie die Vergangenheit hinter sich und konzentrieren Sie sich auf das, was Sie das nächste Mal anders machen könnten.

- Konzentrieren Sie sich auf die positiven Aspekte des Lebens, auf die Dinge, die Ihnen ein gutes Gefühl sich selbst gegenüber vermitteln. Finden Sie heraus, was Sie gerne tun, erkunden Sie neue Aktivitäten und Interessen und beschäftigen Sie sich häufiger damit!

- Profitieren Sie bestmöglich von sozialen Begegnungen. Kommen Sie über gemeinsame Interessen mit anderen Menschen in Kontakt. Tun Sie alles, was Sie gerne tun, gemeinsam mit anderen.

- Leisten Sie einen Beitrag. Erleben Sie das gute Gefühl, das sich einstellt, wenn wir uns für andere Menschen engagieren und ihnen helfen.

- Entwickeln Sie Ihre Spiritualität. Machen Sie sich klar, was Sie mit einem Sinn und Zweck im Leben verbindet, der größer ist als Sie selbst.

7 Durch Achtsamkeit motivieren: Ziele und Willenskraft

Haben Sie Ideen und Pläne für die Zukunft? Etwas, worauf Sie sich freuen und was Sie unbedingt erreichen wollen? Vielleicht legen Sie regelmäßig Geld zurück, um Freunde und Familie in Australien zu besuchen. Vielleicht ist es Ihr Traum, an einem Marathon teilzunehmen, ein Buch zu schreiben oder Ihr eigenes Unternehmen zu gründen. Vielleicht gibt es ein Projekt bei der Arbeit, das Sie erfolgreich zu Ende führen wollen, oder Sie möchten promovieren. Was auch immer es ist – Sie brauchen eine klare Zielrichtung und einen klaren Fokus. Sie müssen Ihre Ziele identifizieren.

Beständig auf unser Ziel hinzuarbeiten, ist nicht immer einfach. Wenn es hart auf hart kommt – wenn wir auf Hindernisse und Fallen stoßen und Rückschläge erleiden –, brauchen wir etwas, was uns auf Kurs hält; wir benötigen eine innere Entschlossenheit, die uns vorantreibt, unseren Fokus erhält und uns hilft, unsere Absichten und Ziele zu verwirklichen. Wir brauchen Willenskraft, Selbstkontrolle und Disziplin.

Klingt eher abschreckend? Nicht, wenn wir Achtsamkeit hinzunehmen! In diesem Kapitel werden Sie lernen, wie Sie Ihre Ziele so definieren und verfolgen, dass Sie niemals die Motivation und den Mut verlieren.

Sie werden eine wenig bekannte Tatsache entdecken – dass wir nämlich jeden Tag nur eine begrenzte Menge an Willenskraft zur Verfügung haben. Wichtig ist nur, dass Sie sie effektiv nutzen – dass Sie Ihre Willenskraft achtsam nutzen.

Achtsamkeitstechniken können Ihnen helfen, Ihren Zielen näher zu kommen und die innere Stärke und die Fähigkeiten zu entwickeln, um diese Ziele zu erreichen. Alles ist möglich!

Achtsame Ziele

Denken Sie daran: Sie befinden sich niemals in der Vergangenheit oder in der Zukunft, sondern immer nur im gegenwärtigen Augenblick. Wenn aber der gegenwärtige Augenblick das Einzige ist, was existiert, könnten Sie sich fragen, wozu Ziele gut sein sollen, wenn sie doch in der Zukunft liegen. Entscheidend ist, dass die Planung und die Arbeit zum Ziel hin in der Gegenwart stattfinden. Sie planen für die Zukunft, aber leben in der Gegenwart.

Denken Sie an ein Ziel und fragen Sie sich dann: »Wie fühlt es sich für mich in diesem Augenblick an, mir dieses Ziel zu setzen?«

Vielleicht besteht Ihr Ziel darin, beruflich einen anderen Weg einzuschlagen oder Freunde in Australien zu besuchen. Vielleicht möchten Sie gesünder leben.

Wenn das Ziel einen Zweck hat, der für Sie bedeutungsvoll ist, dann ist die Wahrscheinlichkeit groß, dass Sie sich davon inspirieren lassen und entsprechend handeln wollen.

Möglicherweise aber machen Sie sich Sorgen wegen der Zeit, die Sie brauchen werden, bis Sie Ihre Ziele erreicht haben. »Wenn ich meinen Job aufgebe und mich für den Berufsweg, den ich mir tatsächlich wünsche, umschulen lasse, könnte es Jahre dauern, bis ich wieder so viel verdiene wie jetzt.« Oder: »Wenn ich ab sofort ins Fitnessstudio gehe, könnte es noch Monate dauern, bis ich den Nutzen spüren werde.«

Vielleicht warten Sie darauf, dass etwas in der Zukunft passiert, bevor Sie anfangen können, auf Ihr Ziel hinzuarbeiten. Warten Sie darauf, dass ...

- ... der richtige Mann oder die richtige Frau in Ihr Leben tritt?
- ... ein Kollege seinen Abschied nimmt?
- ... die Kinder größer werden?
- ... jemand anderes seine Zustimmung gibt?
- ... jemand stirbt?

- … jemand seine Meinung ändert?
- … jemand anderes die Arbeit tut?

Auch wenn die Ereignisse sich in ihrer eigenen Zeit entfalten – solange Sie lediglich hoffen, dass zukünftige Ereignisse eintreten (oder sich Sorgen machen, dass sie womöglich nicht eintreten), hindert Sie das daran, auf Ihre Ziele hinzuarbeiten. Ob Sie Ihren Plan im Laufe des nächsten Jahres umsetzen oder nicht – das Jahr wird so oder so irgendwann zu Ende gehen.

In Kapitel 2 ging es unter anderem darum, wie das Tunneldenken uns in die Zukunft locken kann – auf Kosten der Gegenwart. Natürlich kann Tunneldenken nützlich sein, um kleine, kurzfristige Ziele zu erreichen (siehe unten: »Setzen Sie sich Ihre Ziele auf zwei Ebenen«), oder in einer Krise, wenn Sie alle anderen Ablenkungen ignorieren und Ihre Aufmerksamkeit auf das richten müssen, was vor Ihnen liegt.

Aber für längerfristige Ziele liegt der Akzent nicht darauf, *wo* Sie am Ende ankommen werden, sondern darauf, was *entlang des Weges* geschieht und was Sie dort erleben.

> **»Eine ausschließliche Ergebnisorientierung kann uns alle Freude am Leben nehmen.«**
> *Ellen J. Langer*

Leicht übersehen wir die Tatsache, dass ein großer Teil der Belohnung im Weg selbst besteht. Seien Sie achtsam; schauen Sie, ob Sie Ihre Energie und Ihre Aufmerksamkeit auf den Weg zum Ziel – die Schritte, die Sie unternehmen – statt auf das Ziel selbst konzentrieren können.

Hier sind einige achtsame Tipps und Ideen, wie Sie sich Ziele setzen und sie erreichen können.

1. Formulieren Sie jedes Ziel positiv

Wenn Sie sich negative Ziele setzen, wie beispielsweise »Ich will aufhören, Ungesundes zu essen«, lenken Sie Ihre Aufmerksamkeit auf die negativen

Wörter »aufhören« und »Ungesundes«. Zielformulierungen, die Wendungen wie »will nicht«, »verzichten« oder »aufhören« enthalten, sind selbstzerstörend. Statt »Ich muss aufhören, Ungesundes zu essen« sollten Sie lieber denken: »Ich will gesünder und schlanker sein.«

Positive Ziele drücken aus, was wir tun, und nicht, was wir unterlassen wollen. Die Wahrscheinlichkeit, dass wir unsere Ziele erreichen, ist größer, wenn wir dadurch etwas bekommen, was wir uns wünschen, statt mit etwas aufhören zu müssen, was wir gewöhnlich tun. Ziele, die Formulierungen wie »nicht dürfen«, »nicht können« oder »nicht werden« verwenden, klingen nach Düsterkeit und Unheilserwartungen und werden uns wohl kaum motivieren. Wenn Sie Ihre Chancen verbessern wollen, ein Ziel zu erreichen, hilft es, wenn Sie sich ein positives Ziel mit einem positiven Ausgang vorstellen. Ihr Geist ist dann eher bereit, dieses Ziel zu akzeptieren und sich in diese Richtung zu bewegen.

2. Setzen Sie sich Ihre Ziele auf zwei Ebenen

Konzentrieren Sie sich sowohl auf Ihre kurzfristigen als auch auf Ihre langfristigen Ziele. Erzeugen Sie erst ein »großes Bild« von dem, was Ihrem Wunsch nach geschehen soll. Vielleicht möchten Sie zehn Kilometer am Stück laufen können. Vielleicht möchten Sie im nächsten Sommer nach Australien reisen. Das ist Ihr langfristiges Ziel. Brechen Sie es anschließend auf die kleineren Zwischenziele herunter, die Sie zu Ihrem großen Ziel bringen. So könnten Sie Ihre Laufstrecke jeden Monat um zwei Kilometer verlängern oder monatlich 200 Euro für Ihre Reise zurücklegen. Das sind die kurzfristigen Ziele.

Es kann schwierig sein, die langfristigen Ziele zu erreichen, ohne sich zuvor eine Reihe kurzfristiger Ziele zu setzen. Achtsam auf ein Ziel hinzuarbeiten bedeutet, sich dessen bewusst zu sein, dass es Schritte gibt – einen Prozess, der zum Ziel hinführt. Kurzfristige Ziele lassen sich in der Gegenwart erreichen. Sie sollten sich am Anfang ziemlich sicher sein, dass Sie diese kurzfristigen Ziele erreichen können. Später werden kurzfristige Ziele auf dem Erfolg der ersten Ziele aufbauen. Fügen Sie immer weiter kurzfristige Ziele hinzu, bis Sie Ihr langfristiges Ziel erreicht haben.

Haben Sie Geduld und Vertrauen – berücksichtigen Sie, dass die Dinge sich in ihrer eigenen Zeit entwickeln und entfalten, während Sie auf Ihr Ziel hinarbeiten.

3. Denken Sie über Ihre Ziele nach und protokollieren Sie Ihre Erfolge

Indem Sie jeden Tag (oder sooft es machbar ist) etwas Kleines tun, das Sie Ihrem Ziel näher bringt, ist Ihr Ziel stets ein Teil dessen, was *jetzt* geschieht. Wenn Sie es nicht täglich einrichten können, hilft es, wenn Sie sich ein Bild von Ihrem Ziel an die Wand hängen oder als Bildschirmschoner verwenden. Sie können sich auch selbst E-Mails zur Erinnerung schicken. Das alles trägt dazu bei, Ihr Ziel stets im Augenblick zu halten.

Machen Sie sich Ihre Erfolge – auch die kleinen – bewusst und protokollieren Sie sie. Dafür gibt es mehrere Möglichkeiten. Sie könnten beispielsweise ein Tagebuch führen oder einen Blog einrichten.

Wie auch immer Ihr Ziel aussieht, Sie sollten alles notieren, was auch nur entfernt etwas mit dem Erreichen dieses Ziels zu tun hat. Wenn eines Ihrer Ziele lautet, in diesem Jahr einen Marathon zu laufen oder einen Roman von 45 000 Wörtern zu schreiben, sollten Sie regelmäßig notieren, wie lange Sie trainiert oder wie viele Wörter Sie geschrieben haben – und auch alles andere, was zu dem Ziel beiträgt, wie die Zeit im Fitnessstudio oder die Recherchen zu Ihrem Roman.

Lesen Sie in Ihrem Tagebuch oder Blog nach und überprüfen Sie Ihren Fortschritt. Es ist immer schön, zurückzublicken und zu sehen, dass man seine Zeit produktiv in Richtung auf das Ziel hin genutzt hat. Gleichzeitig kann dieser Rückblick auch Hinweise auf mögliche Verbesserungen geben.

Wenn alles gut geht und Sie große Fortschritte mit stetigen Verbesserungen protokolliert haben, können Sie sich selbst auf die Schulter klopfen in dem Wissen, dass Sie auf dem richtigen Weg sind.

Wenn Sie zu einem bestimmten Ziel nichts geschrieben haben: Ist das ein Zeichen dafür, dass Sie möglicherweise mehr tun müssen? Oder ist es vielmehr ein Hinweis darauf, dass das Ziel gar nicht so wichtig ist, wie Sie anfangs dachten, und dass es an der Zeit ist, Ihre Zielsetzung zu überdenken?

4. Bleiben Sie flexibel

Sie sollten stets bereit sein, flexibel zu agieren und Ihr Denken und Ihre Ziele entsprechend anzupassen. Sich Ziele zu setzen, ist sicherlich wichtig, aber wenn Sie sich zu sehr an Ihre Ziele klammern, machen Sie sich von Entscheidungen abhängig, die Sie in der Vergangenheit getroffen haben.

Hüten Sie sich vor der sogenannten »Sunk-Costs-Falle«! Diese versenkten oder irreversiblen Kosten können Sie dazu verleiten, an etwas festzuhalten, was Sie besser beenden sollten. Sie investieren weiter Zeit, Mühe oder Geld in einen Menschen oder ein Projekt, obwohl bereits klar ist, dass nichts Gutes für Sie dabei herauskommt.

Ihre Ziele können sich mit der Zeit verändern und so sollten Sie sie regelmäßig an Ihren Wissensstand und Ihre Erfahrungen anpassen. Wenn ein bestimmtes Ziel nicht länger stimmig ist, geben Sie es auf. Nehmen Sie vergangene Entscheidungen zur Kenntnis und machen Sie sich klar, dass sie richtig waren, als Sie sie getroffen haben – dass ihre Gültigkeit aber nun abgelaufen ist.

5. Vom Umgang mit Rückschlägen

Bedenken Sie stets, dass Rückschläge möglich sind. Lassen Sie sich davon nicht entmutigen und geben Sie nicht auf. Bringen Sie sich zurück in die Gegenwart; machen Sie sich klar, was Sie aus der Niederlage gelernt haben, und passen Sie Ihr Ziel entsprechend an. Das Einzige, was jetzt noch zählt, ist das, was von diesem Moment an geschieht.

Sie sind nicht sicher, ob Sie es schaffen? Registrieren Sie die Angst und tun Sie es trotzdem! Sie müssen aktiv werden, um ein gutes Gefühl sich selbst und Ihrem Vorhaben gegenüber zu entwickeln, anstatt darauf zu warten, dass sich ein gutes Gefühl einstellt, bevor Sie aktiv werden.

Vergessen Sie nicht: Ziele zu haben und auf sie hinzuarbeiten, ist das, was die, die handeln, von denen trennt, die sich bloß wünschen, sie hätten gehandelt!

Achtsame Willenskraft

Wünschen Sie sich manchmal, Sie hätten mehr Willenskraft oder Selbstdisziplin, sodass Sie die Dinge erreichen könnten, von denen Sie immer behaupten, Sie wollten sie erreichen? Wir sind alle voller guter Absichten. Vielleicht haben Sie gelobt, mit dem Rauchen aufzuhören, Ihre Steuererklärung auszufüllen oder mehr Sport zu treiben?

Willenskraft gibt Ihnen die innere Entschlossenheit, die Sie vorantreibt. Sie verleiht Ihnen die Fähigkeit, fokussiert zu bleiben und Ihre Absichten und Ziele zu verwirklichen – das zu tun, was Sie sich vorgenommen haben, selbst wenn Sie gerade nicht in der Stimmung dazu sind.

Willenskraft

Warum tun wir uns so schwer mit unserer Willenskraft? Laut mehreren Studien verfügen wir alle nur über einen begrenzten Vorrat an Willenskraft, der rasch aufgebraucht ist.

In einem von Baba Shiv und Alexander Fedorikhin an der University of Iowa durchgeführten Experiment[6] wurden mehrere Dutzend Studenten in

---

6 Baba Shiv und Alexander Fedorikhin, »Heart and mind in conflict. The interplay of affect and cognition in consumer decision making«, *Journal of Consumer Research*, Bd. 26, Dezember 1999

zwei Gruppen aufgeteilt. Eine Gruppe sollte sich eine zweistellige Zahl merken, bei der anderen Gruppe handelte es sich um eine siebenstellige Zahl.

Die Teilnehmer wurden dann gebeten, die Halle zu durchqueren und sich zwischen einem Stück Schokoladenkuchen und einem Obstsalat zu entscheiden. Diejenigen, die sich die siebenstellige Zahl einprägen mussten, griffen doppelt so häufig zum Kuchen wie diejenigen, die sich nur zwei Ziffern zu merken brauchten.

Professor Shiv schloss daraus, dass die Aufgabe, sich fünf zusätzliche Ziffern zu merken, so viel Raum im Gehirn der Studenten beanspruchte, dass diese »Überlast« ihre Willenskraft schwächte.

Das spielt sich alles im präfrontalen Cortex unseres Gehirns ab. Dieser Teil des Gehirns ist wesentlich für unsere Willenskraft zuständig, aber er beherbergt auch unser Kurzzeitgedächtnis und hilft uns, abstrakte Probleme zu lösen und uns zu konzentrieren. Wie es scheint, kann er nicht beides gleichzeitig tun.

Wenn wir also in einer Situation Willenskraft und Selbstdisziplin benötigen, bleibt uns weniger Willenskraft für andere Bereiche, selbst wenn die Situationen vollkommen verschieden sind.

Wenn Sie den Nachmittag beispielsweise damit zugebracht haben, Ihre Steuererklärung oder eine Stellenbewerbung vorzubereiten, können Sie noch so sehr von der guten Absicht beseelt sein, endlich den Geschirrschrank auszuwischen oder die längst überfällige E-Mail an einen Bekannten in Übersee zu schreiben – Ihr Gehirn hat schlicht nicht mehr genug Energie und ist zu müde, um Sie noch zu motivieren. Ihre Entschlusskraft verflüchtigt sich und Sie setzen sich für den Rest des Abends Schokolade futternd vor den Fernseher. Sie haben sowohl Ihren Willen als auch Ihre Kraft verloren!

Eine Studie von Mark Muraven[7] belegt, dass wir unseren Willen ähnlich wie unsere Muskeln durch geeignete »Übungen« kräftigen und stärken können. Muraven zeigt, dass wir, indem wir einfache Tätigkeiten ausfüh-

---

7 M. Muraven et al., »Longitudinal improvement of self-regulation through practice: Building self-control strength through repeated exercise«, *Journal of Social Psychology*, 1999, Bd. 139, Nr. 4, S. 446–457

ren, die nur *geringe* Mengen an Selbstdisziplin erfordern, schon bald die Selbstdisziplin und die Willenskraft entwickeln, um größere Projekte zu stemmen.

Setzen Sie sich kleine tägliche Ziele – etwas, was Sie gerne vor sich herschieben – und führen Sie diese Miniaufgaben unter allen Umständen aus. Indem Sie kleine Aufgaben lösen, vor denen Sie sich üblicherweise gerne drücken, können Sie die Fähigkeit entwickeln, die größeren Herausforderungen zu meistern.

Einfache Tätigkeiten, die wenig Willenskraft erfordern

Probieren Sie zwei Wochen lang jeden Tag eine der folgenden Möglichkeiten aus:

- Gibt es im Spülbecken Geschirr, das abgewaschen werden muss? Stehen Sie auf und erledigen Sie es jetzt.
- Tragen Sie jeden Abend den Müll raus und machen Sie jeden Morgen das Bett.
- Beantworten Sie Ihre beruflichen E-Mails noch am selben Tag – und sei es nur, um mitzuteilen: »Ich werde mich in dieser Angelegenheit bei Ihnen melden.«
- Wenn sich Ihr Job im Büro abspielt, machen Sie mittags einen zehnminütigen Spaziergang an der frischen Luft.
- Sind es nur wenige Stockwerke, die Sie zurücklegen müssen? Nehmen Sie die Treppe statt den Aufzug.
- Steigen Sie eine Haltestelle früher aus der U-Bahn oder dem Bus aus oder parken Sie Ihr Auto in zehn Minuten Entfernung von Ihrem Ziel und gehen Sie den Rest zu Fuß.
- Achten Sie täglich darauf, aufrecht zu sitzen.

Achtsamkeitstechniken können Ihnen bei diesen kleinen Aufgaben helfen, sodass Sie innere Stärke gewinnen und die Fähigkeit entwickeln, Ihre größeren Absichten umzusetzen.

1. Erledigen Sie stets nur eine Sache

Üben Sie sich im Singletasking, nicht im Multitasking! Es geht zulasten Ihrer Energie und Ihrer Konzentration, wenn Sie versuchen, mehr als eine Sache zur selben Zeit zu erledigen. Sie sollten also möglichst nicht gleichzeitig abwaschen, den Müll raustragen und alle Ihre Rechnungen online begleichen. Sie überlasten damit nur die begrenzte Aufmerksamkeitskapazität Ihres Gehirns und lassen sich von anderen Dingen und der ständigen Frage, was als Nächstes dran ist, ablenken. Fokussieren Sie sich! Führen Sie jede Aufgabe langsam und vollständig aus. Erledigen Sie jede Aufgabe in der Gegenwart.

2. Schaffen Sie Freiraum

Planen Sie die Dinge nicht zu dicht hintereinander. Lassen Sie vielmehr Raum zwischen den Aktivitäten auf Ihrem Tagesplan. Auf diese Weise gestaltet sich Ihr Tag flexibler und Sie haben etwas Luft für den Fall, dass einzelne Dinge länger brauchen, als Sie veranschlagt haben.

Konzentrieren Sie sich darauf, wenigstens eine kleine Sache zu erledigen, auf die Sie keine Lust haben. Sie werden sich mehr und mehr als Herr(in) der Lage fühlen und eine positive Grundstimmung spüren.

Denken Sie daran, was Sie gerade mit dem Erledigen der kleinen Aufgabe geleistet haben, und machen Sie sich bewusst, wie Sie sich jetzt – im gegenwärtigen Augenblick – fühlen, nachdem Sie es geschafft haben. Wenn Sie bei den kleinen Aufgaben eine gewisse Routine entwickelt haben, können Sie auch bald zu größeren Dingen übergehen, die Ihre Willenskraft und Ihre Selbstdisziplin stärker herausfordern.

»Wenn ich es jeden Tag schaffe, mich zum Treppenlaufen zu überwinden, anstatt den Lift zu nehmen, dann kann ich mich auch selbst dazu überreden, ins Fitnessstudio zu gehen.« Machen Sie aus dieser Achtsamkeitsübung eine Gewohnheit. Je häufiger Sie etwas tun oder denken, desto stärker wird die Gewohnheit, bis daraus letztlich ein Automatismus wird.

3. Erkennen Sie destruktive Selbstgespräche

Haben Sie in einer Situation, in der es auf Ihre Willenskraft ankam, schon einmal etwas Ähnliches wie das Folgende gesagt oder gedacht?

- Ich kann nicht.
- Ich war darin noch nie gut.
- Es ist zu schwer.
- Ich werde bestimmt scheitern.
- Ich habe nicht die Zeit dafür.
- Ich habe zu viel anderes zu tun.

Hüten Sie sich vor diesen Denkfallen! Achtsamkeit heißt nicht nur, weniger zu tun und dieses Wenige mit Bedacht und bewusst zu tun; wir sollten auch bei dem, was wir tun und wie wir uns verhalten, möglichst wertfrei sein. Hüten Sie sich also vor Denkfallen und achten Sie auf destruktive Selbstgespräche.

Versuchen Sie im Übrigen, diese Gedanken durch einen passenden hilfreichen Gedanken zu ersetzen. Konzentrieren Sie sich auf die Vorteile, nicht auf die Schwierigkeiten.

Anstatt daran zu denken, wie schwer etwas ist, sollten Sie lieber daran denken, was Sie davon haben werden. Statt beispielsweise zu denken, wie wenig Lust Sie auf etwas haben, konzentrieren Sie sich lieber darauf, wie gut Sie sich hinterher fühlen werden und wie viel gesünder Sie sein werden, wenn Sie jetzt durchhalten. Wenn besonders der Anfang schwierig ist, könnten Sie sich vorstellen, einem Freund Mut zu machen, der selbst gerade versucht, dasselbe Ziel wie Sie zu erreichen. Sagen Sie zu sich selbst etwas Positives, zum Beispiel:

- Ich kann.
- Ich will.
- Ich kann mein Bestes geben.
- Ich kann mich auf diese Weise hocharbeiten.
- Ich kann es probieren.

4. Versuchen Sie, Dinge in einem neuen Licht zu sehen

Wenn es Ihnen an irgendeinem Punkt nicht gelingt, das umzusetzen, was Sie sich vorgenommen haben, sollten Sie sich dafür nicht verurteilen. Betrachten Sie die Situation mit dem Anfängergeist; vergessen Sie alle Wertungen und Überzeugungen bezogen auf das, was Sie tun oder nicht tun können.

Indem Sie auf vertraute Situationen, Erfahrungen und Ereignisse auf dieselbe vertraute Art und Weise reagieren, schließen Sie sich selbst aus der Gegenwart aus und leben stattdessen in der Vergangenheit. So haben Sie keine Möglichkeit, neue Einsichten zu gewinnen. Entwickeln Sie stattdessen die Gewohnheit, für neue Möglichkeiten offen zu sein.

5. Polen Sie sich auf Erfolg

Tun Sie sich selbst etwas Gutes – richten Sie die Dinge so ein, dass Sie Ihre guten Absichten mit größerer Wahrscheinlichkeit auch umsetzen.

Ich erzähle gerne die Geschichte meiner Freundin Sue. Sie schöpft ihre Willenskraft, zweimal in der Woche schwimmen zu gehen, daraus, dass sie sich den Badeanzug unterzieht, bevor sie sich ankleidet. »Auf diese Weise«, sagt sie, »fühle ich mich so unwohl, dass ich mich entweder noch einmal umziehen muss oder sofort ins Schwimmbad gehe. Natürlich gehe ich ins Schwimmbad.«

Mit Willenskraft Verzicht üben

Benötigen Sie Ihre Willenskraft eher dafür, Dingen zu widerstehen, oder mehr dazu, Dinge zu tun? Atmen Sie zuerst tief durch. Atmen Sie achtsam. Konzentrieren Sie sich auf Ihre Atmung und schaffen Sie Raum zwischen Ihren Impulsen und Ihren Handlungen. Konzentrieren Sie sich eine Minute lang darauf, achtsam zu atmen.

Erinnern Sie sich anschließend an Ihre guten Absichten. Das hilft Ihnen, sich auf das Wichtigste zu konzentrieren, und geleitet Sie durch die Momente, in denen Ihre Impulse versuchen, die Oberhand über Sie zu gewinnen.

Achtsamkeit kann Ihnen die nötige Willenskraft verleihen, um sich von den schwierigsten Gewohnheiten zu lösen.

Surfing the urge – das Verlangen beherrschen

Eine Gruppe aufhörwilliger Raucher wurde eingeladen, an einer Studie der University of Washington[8] teilzunehmen. Man wollte mithilfe der Studienergebnisse herausfinden, ob Achtsamkeit den Rauchern helfen kann, dem Drang zum Rauchen zu widerstehen.

Jeder brachte eine Packung Zigaretten mit. Die Teilnehmer wurden dann mit den Grundprinzipien der achtsamen Aufmerksamkeit vertraut gemacht.

Die Raucher wurden gebeten, die Packung zu betrachten, die Zellophanhülle zu entfernen und die Packung zu öffnen. Man forderte sie auf, tief einzuatmen und dabei auf den ersten Duft der geöffneten Packung zu achten. Anschließend sollten sie ganz bewusst eine Zigarette aus der Packung nehmen, sie halten, sie anschauen und an ihr schnuppern – dann die Zigarette bewusst in den Mund nehmen, ein Feuerzeug hervorholen und es in die Nähe der Zigarette halten, ohne sie jedoch anzuzünden. Zwischen den einzelnen Schritten sollten die Raucher lange Pausen machen.

Zuvor hatte die Hälfte der Raucher eine Kurzeinführung in eine Technik namens »Surfing the urge« erhalten. Es wurde ihnen erklärt, dass der starke Drang, das Verlangen, irgendetwas zu tun, mit der Zeit wieder nachlässt, ganz gleich, ob wir ihm nachgeben oder nicht.

Sie sollten, sobald sie ein starkes Verlangen spürten, an eine große Welle im Ozean denken, die sich immer mehr aufbaut, bis sie irgendwann bricht und zerfließt. Die Raucher sollten sich vorstellen, wie sie auf dieser Welle reiten,

---

8 S. Bowen und A. Marlatt, »Surfing the urge – brief mindfulness-based intervention for college student smokers«, *Psychology of Addictive Behaviour*, 2009, Bd. 23, Nr. 4, S. 666–671

ohne sie zu bekämpfen, aber auch ohne sich ihr zu ergeben. Sie sollten das Verlangen zu rauchen aufmerksam beobachten; sie sollten nicht versuchen, es zu verändern oder sich davon zu befreien; sie sollten auf die Gedanken achten, die ihnen durch den Kopf gingen, und darauf, wie sich das Verlangen körperlich anfühlte.

Die Raucher wurden, bevor sie gingen, mit keinem Wort aufgefordert, das Rauchen zu reduzieren oder im täglichen Leben die »Surfing the urge«-Technik anzuwenden.

Sie sollten aber Protokoll führen, wie viele Zigaretten sie in der folgenden Woche täglich rauchten, und über ihre Stimmung und das Verlangen nach der Zigarette berichten.

Während der ersten 24 Stunden war kein Unterschied im Rauchverhalten der beiden Gruppen festzustellen. Aber vom zweiten Tag an rauchten die Teilnehmer der »Surfing the urge«-Gruppe weniger.

Am siebten Tag zeigte die Kontrollgruppe noch immer keine Veränderung, während die »Surfing the urge«-Gruppe ihren Zigarettenkonsum um 37 Prozent reduziert hatte.

Sie müssen kein Raucher sein oder das Rauchen aufgeben wollen, um die Lektion aus dieser Studie zu lernen.

Sie zeigt: Indem wir das destruktive Verlangen lediglich registrieren, anstatt ihm nachzugeben, können wir es als eben das akzeptieren – als destruktives Verlangen. Wir müssen nichts gegen das Verlangen unternehmen; es reicht, wenn wir uns seiner bewusst sind, ohne ihm zu verfallen. Mit Geduld können wir lernen, so lange friedlich abzuwarten, bis es von allein weggeht. So lernen wir, »auf der Welle zu reiten«.

Auf den Punkt gebracht

- Formulieren Sie alle Ihre Ziele als positive Aussagen. Sie erreichen mit größerer Wahrscheinlichkeit positive Ziele als Ziele, die einen Verzicht von Ihnen verlangen.

- Zerlegen Sie Ihr Hauptziel in kurzfristige Ziele. Machen Sie sich bewusst, dass es sich um Schritte handelt – um einen Prozess, der dem Ergebnis vorausgeht.

- Registrieren Sie jede kleine Errungenschaft.

- Überprüfen Sie Ihren Fortschritt. Seien Sie flexibel und passen Sie Ihre Ziele an. Wenn ein bestimmtes Ziel sich nicht mehr richtig anfühlt, sollten Sie sich davon lösen. Es zählt allein das, was im Augenblick geschieht.

- Stärken Sie Ihre Willenskraft; arbeiten Sie an kleinen Aufgaben, auf die Sie wenig Lust haben, und entwickeln Sie so die Fähigkeit, größere Herausforderungen zu meistern.

- Erledigen Sie immer nur eine Sache zu einer Zeit. Betreiben Sie Singletasking und kein Multitasking! Führen Sie jede Aufgabe gewissenhaft und vollständig aus. Tun Sie es mit Achtsamkeit.

- Ersetzen Sie negative Selbstgespräche durch hilfreiche, positive Gedanken. Konzentrieren Sie sich auf die Vorteile, nicht auf die Schwierigkeiten.

- Nähern Sie sich jeder Situation mit Neugier; machen Sie sich frei von früheren Urteilen und Überzeugungen hinsichtlich dessen, was Sie tun oder nicht tun können.

- Wenn Sie das Gefühl haben, dass etwas Sie von Ihren guten Absichten wegzieht, versuchen Sie, »auf der Welle zu reiten«.

8 Achtsamkeit im Umgang mit anderen: Wie Sie zuhören, mit Kritik umgehen, vergeben, überzeugen und motivieren

So gut wie jeden Tag haben wir es mit Menschen zu tun – Menschen mit anderen Ideen, Meinungen und Bedürfnissen als wir selbst.

Damit das gut funktioniert, müssen wir voneinander wissen, was wir meinen, fühlen, brauchen und wollen; wir müssen kommunizieren. Kommunikation nimmt jedoch selten den direkten Weg!

Eine ganze Reihe von Unterschieden kann Kommunikationsbarrieren zwischen uns und anderen Menschen schaffen – ganz gleich, wie gut unsere Absichten sind: ob wir jemandem zu vermitteln versuchen, dass uns sein Verhalten nicht gefällt, dass wir mit ihm nicht einer Meinung sind, oder ob wir wollen, dass er etwas so macht, wie wir es gut finden. Nur allzu leicht verschwinden die guten Absichten und wir verfallen selber in diverse ungeeignete und wenig hilfreiche Verhaltensweisen.

Doch die Lage ist nicht hoffnungslos! Wir *können* mit anderen Menschen sehr wohl voller Zuversicht und mit dem nötigen Feingefühl umgehen.

Als Erstes möchte ich Ihnen zeigen, wie Sie achtsam zuhören. Das ist eine der direktesten Möglichkeiten, achtsam zu sein. Wie wir sehen werden, schenken wir als achtsame Zuhörer dem anderen unsere volle Aufmerksamkeit; wir lassen uns nicht von unseren eigenen Gedanken oder irgendeinem Geschehen um uns herum ablenken.

Achtsames Zuhören hilft uns, enge Beziehungen und Einfühlungsvermögen zu schaffen, Missverständnisse und Verwirrung zu minimieren und mit Unterschieden und Problemen zwischen zwei Menschen umzugehen.

Achtsamkeit kann uns helfen, gute Beziehungen zu anderen Menschen zu entwickeln und zu pflegen.

In diesem Kapitel werden wir achtsame Möglichkeiten kennenlernen, wie wir andere Menschen für unsere Art zu denken gewinnen können. Außerdem werden wir lernen, wie wir Kritik äußern und aufnehmen können, und wir werden entdecken, wie wir uns von Verbitterung, Frustration und Wut über das Verhalten eines anderen frei machen können.

Achtsames Zuhören

Wann haben Sie das letzte Mal wirklich hingehört, wenn Ihnen jemand etwas erzählte – und tatsächlich verstanden, was der Betreffende Ihnen sagen wollte und wie er sich fühlte?

Häufig hören wir anderen Menschen nicht so gut zu, wie wir könnten oder sollten. Allzu leicht lassen wir uns von unseren eigenen Gedanken und Sorgen, von Fernseher, Computer, Telefon oder etwas anderem ablenken. Wir denken dann vielleicht, dass wir dem anderen zuhören, aber die Wahrscheinlichkeit ist groß, dass wir ihm nicht unsere volle Aufmerksamkeit schenken. An diesem Punkt kommt das reflexive, widerspiegelnde Zuhören ins Spiel. Reflexives Zuhören ist achtsames Zuhören.

Beim achtsamen Zuhören ist es wichtig, dass wir nicht nur auf verbale Hinweise achten, sondern auch auf nonverbale – Körpersprache, Gesichtsausdruck, Lautstärke, Klangfarbe und andere Ausdrucksformen. Aber der wahre Eckpfeiler des achtsamen Zuhörens ist das reflexive Zuhören.

Verwenden Sie reflexive Zuhörtechniken

Zum reflexiven Zuhören gehört, dass wir unserem Gesprächspartner das, was er sagt, zurückspiegeln, dies jedoch mit unseren eigenen Worten und Formulierungen tun. Wir vermitteln dem anderen, wie wir seine Worte interpretieren und verstehen – um ihm damit zu bestätigen, dass wir den Sinn und die Bedeutung des Gesagten aufgenommen haben.

Nachdem der andere ausgeredet hat, könnten wir beispielsweise sagen: »Ich denke, was du sagst, ist ... Habe ich recht?« Oder: »Denkst du demnach ...?« Oder: »Du hast also das Gefühl ...?« Das ist nicht immer einfach; während die andere Person spricht, müssen wir uns als Zuhörer mentale Notizen zu den wichtigsten Punkten oder Botschaften machen.

Wenn Sie schon einmal jemanden nach dem Weg gefragt haben, haben Sie vermutlich das, was der andere sagte, mit eigenen Worten wiederholt. Das hilft Ihnen, sich zu konzentrieren und sich zu vergewissern, dass Sie das Gesagte richtig verstanden haben – ein klares Beispiel von reflexivem, achtsamem Zuhören.

In dieser Situation kann die andere Person, falls Sie etwas missverstanden haben, Ihre Ausführungen noch ergänzen.

So nützlich das reflexive Zuhören in vielen formellen und informellen Beziehungen und Situationen auch sein mag, so unnatürlich wäre es, wenn wir jede Äußerung, die jemand an uns richtet, spiegeln würden.

Beim achtsamen Zuhören besteht das Ziel darin, so zuzuhören, als ob wir das Gesagte reflektieren und mit eigenen Worten wiedergeben wollten (ganz egal ob wir das nun tun oder nicht). Sie brauchen nicht unbedingt alles, was der andere sagt, zu wiederholen und in eigene Worte zu fassen. Es reicht, wenn Sie so zuhören, als ob Sie es zurückspiegeln wollten.

Reflexive Zuhörtechniken helfen Ihnen, achtsam zu sein, weil sie Ihnen erlauben, sich ganz auf das zu konzentrieren, was die andere Person sagt. Indem wir reflexiv und achtsam zuhören, verhindern wir, dass wir abgelenkt werden oder dass wir bereits während des Zuhörens daran denken, was wir selbst als Nächstes sagen wollen.

Versuchen Sie einmal Folgendes: Hören Sie ein paar Minuten lang auf das, was jemand im Radio sagt – beispielsweise in einer Diskussion oder in einem Interview. Schalten Sie anschließend das Radio aus und fassen Sie laut und mit Ihren eigenen Worten zusammen, was der Mensch im Radio gesagt hat.

Sie können reflexives Zuhören auch mit einem Freund trainieren. Einer von Ihnen spricht zwei Minuten lang über eines der unten aufgeführten Themen. Der andere wendet reflexive Zuhörtechniken an. Wenn der Sprecher zu Ende gesprochen hat, fasst der Zuhörer zusammen, was der andere gesagt und gefühlt hat.

- Der seltsamste Traum, den Sie jemals hatten
- Der beste Job / der beste Urlaub Ihres Lebens
- Der schlechteste Job / der schlechteste Urlaub Ihres Lebens
- Ein Haustier, das Sie einmal hatten
- Was Sie tun würden, wenn Sie eine Million Euro gewännen
- Was Ihnen an Weihnachten gefällt oder nicht gefällt

Ihre Annahmen, Emotionen, Wertungen und Überzeugungen können das, was Sie hören, verzerren. Indem Sie reflexiv zuhören, können Sie diese potenziellen Fallen umgehen.

Das reflexive Zuhören erfordert, dass Sie sich auf das, was die andere Person sagt, konzentrieren, ihm Ihre volle Aufmerksamkeit schenken, es akzeptieren und anerkennen; daher ist es seinem Wesen nach achtsam.

Überprüfen Sie, ob Sie alles richtig verstanden haben

Wenn Sie achtsam zuhören, werden Sie wahrscheinlich mögliche Verständnislücken erkennen. Sie können dann Fragen stellen, um diese Lücken zu füllen.

Reflexives, achtsames Zuhören lässt Sie außerdem zur richtigen Zeit die richtigen Fragen stellen.

Bleiben Sie im Augenblick – achten Sie darauf, dass Sie Ihrem Gegenüber genug Zeit zum Antworten lassen. Der andere muss nachdenken, bevor er antwortet, und so sollten Sie eine Pause nicht als Gelegenheit interpretieren, um das Gespräch selbst wieder zu übernehmen. Lassen Sie Phasen des Schweigens zu, damit Sie beide im Augenblick bleiben. Lassen Sie der anderen Person Zeit zum Denken und zum Sprechen!

Achten Sie auf die nonverbale Kommunikation

Die nonverbale Kommunikation vermittelt die wahren Gefühle und Absichten eines Menschen zu jedem gegebenen Zeitpunkt. Jede Veränderung der inneren Emotionen eines Menschen spiegelt sich in seinem nonverbalen Verhalten wider, und das findet in der Gegenwart statt.

Achten Sie darauf, ob das, was jemand sagt, mit seinem nonverbalen Verhalten harmoniert oder nicht. Interpretieren Sie nonverbale Signale jedoch nicht isoliert von anderen.

Im Bereich der Körpersprache ist ein einzelnes Intuitionssignal nicht so verlässlich wie eine Kombination von intuitiven Signalen, und auch eine einzelne Geste oder ein einzelner Gesichtsausdruck sagt noch nicht viel. Achten Sie vielmehr auf ein Zusammenspiel von verbalen und nonverbalen Äußerungen und Handlungen, die eng aufeinander folgen und ein und dasselbe zu »sagen« scheinen.

Eine Kombination aus nonverbalen Äußerungen ist ein zuverlässigerer Bedeutungsindikator als ein oder zwei vereinzelte Signale. Seien Sie also achtsam! Wenn Sie sich in irgendeiner Weise ablenken lassen, verpassen Sie möglicherweise entscheidende nonverbale Signale, die Ihnen vermitteln können, was die andere Person in Wahrheit denkt oder fühlt.

Vom Umgang mit Kritik

Vielen von uns fällt es schwer, nicht sofort zu reagieren, wenn wir kritisiert werden – wir streiten alles ab, geben anderen die Schuld, gehen zum Gegenangriff über oder nehmen beleidigt Reißaus.

Alles geschieht so schnell, dass der eine oder beide Beteiligte die Selbstbeherrschung verlieren und fortan unfähig sind, sich die Bemerkungen des anderen objektiv anzuhören, sie in aller Ruhe zu überdenken und angemessen darauf zu antworten.

Natürlich hängt unsere Reaktion auf Kritik von diversen Faktoren ab, zum Beispiel davon, wer die Kritik äußert und warum. Aber egal um was es geht und wer beteiligt ist – es gibt immer eine achtsame Art und Weise, mit Kritik umzugehen.

1. Hören Sie zu, was die andere Person sagt

Kritik gibt Ihnen die Gelegenheit, achtsames, reflexives Zuhören zu praktizieren – eine effektive Technik, um zu vermeiden, dass die Situation Ihnen beiden entgleitet.

Widerstehen Sie also dem Drang, der anderen Person ins Wort zu fallen, sich zu verteidigen oder irgendetwas zu tun, was einem echten Zuhören im Weg stehen würde. In diesem Augenblick müssen Sie lediglich verstehen, was der andere sagt und worauf genau seine Kritik abzielt.

2. Reflektieren und klären

Bevor Sie auf die Anschuldigung reagieren, sollten Sie überprüfen, was genau Ihnen der andere Ihrer Ansicht nach vorhält und was er fühlt. Fragen Sie beispielsweise: »Willst du damit sagen, dass ich nicht das getan habe, was ich versprochen hatte?« Oder: »Irritiert es dich, was ich Fred gegenüber gesagt habe?« Nehmen Sie sich die Zeit, die Gefühle der anderen Person zu erkennen, um so die Basis für ein besseres Verständnis zwischen Ihnen beiden zu legen.

Wenn Ihnen die Situation immer noch nicht klar ist, könnten Sie Fragen stellen, um zu verstehen, was den anderen dazu veranlasst hat, Sie zu kritisieren. Fragen Sie beispielsweise: »Nur damit ich weiß, worum es geht: Denkst du, dass ich das mit Absicht getan habe?«

3. Antworten Sie

Sobald Ihnen klar ist, worum es bei der Kritik geht und warum die andere Person Sie kritisiert, holen Sie am besten einmal tief Luft und überlegen sich, was Ihr Gefühl sagt und wie Sie antworten wollen. Sie sollten lernen, die anfängliche emotionale Reaktion auszuhalten, anstatt sofort zu agieren oder zu reagieren.

Möglicherweise sind Sie versucht, dem, was die andere Person gesagt hat, zu widersprechen. Vielleicht stimmen Sie ihr auch ganz oder teilweise zu. Was auch immer – sagen Sie es. Zum Beispiel: »Ich weiß, dass Sie enttäuscht sind und denken, ich hätte Ihre Anweisungen ignoriert, aber ich bin nicht der Meinung, dass ...« Liefern Sie Beweise (und keine Entschuldigungen) für Ihre Sicht der Dinge.

Wenn Sie nicht sofort antworten können, vereinbaren Sie am besten mit dem anderen einen persönlichen Termin, rufen ihn an oder schreiben eine E-Mail. Äußern Sie Verständnis dafür, dass die andere Person unzufrieden ist mit etwas, was Sie getan haben, und fragen Sie nach, ob sie das erläutern könnte.

4. Wenn Sie nicht antworten können

Was ist, wenn Sie kritisiert wurden und keine Gelegenheit bekamen, dem anderen zu antworten? Vielleicht hat derjenige Sie am Telefon kritisiert und dann aufgelegt, oder eine dritte Person hat die Kritik stellvertretend übermittelt.

Grübeln Sie nicht ewig und immer wieder darüber nach. *Je mehr Zeit Sie damit verbringen, desto weniger Zeit haben Sie, um etwas Konstruktives zu tun.*

Manchmal hilft es, aufzuschreiben, wie man sich fühlt. Sobald Sie Ihre Gedanken zu Papier gebracht haben, haben Sie im besten Wortsinn die Möglichkeit, einen Blick auf Ihre Gedanken zu werfen.

5. Verzichten Sie auf den Gegenangriff

Bleiben Sie in der Gegenwart – verteidigen Sie sich nicht, indem Sie dem anderen Dinge vorwerfen, die er sich möglicherweise in der Vergangenheit hat zuschulden kommen lassen. Konzentrieren Sie sich ganz auf die aktuelle Beschwerde. (*Nachdem* Sie diese Situation geklärt haben, können Sie sagen: »Jetzt, wo wir das geklärt haben, würde ich gern über ... sprechen.«)

6. Wiederholen Sie den Vorgang

Hören Sie zu, was die andere Person erwidert, und halten Sie es wie zuvor: Vergewissern Sie sich, dass Sie den Sinn der Worte richtig verstanden haben, und antworten Sie dann.

7. Pflichten Sie bei oder widersprechen Sie

Wenn Sie die Situation klären können, ist alles gut. Wenn nicht, müssen Sie lernen, wo Sie einen Strich ziehen und der anderen Person entweder beipflichten oder widersprechen.

8. Suchen Sie nach dem Körnchen Wahrheit in der Kritik

Kritik macht den Blick frei für neue Sichtweisen und neue Ideen, an die Sie möglicherweise zuvor nicht gedacht haben. Sich den eigenen Grenzen und Schwächen zu stellen, ist nicht immer einfach. Sie sollten lernen, die anfängliche emotionale Reaktion auszuhalten, anstatt sofort zu agieren oder zu reagieren.

Vielleicht halten Sie die Kritik der anderen Person für unberechtigt. Okay. Aber gibt es vielleicht doch etwas, was Sie jetzt, im gegenwärtigen Augenblick, aus der Situation lernen können?

9. Halten Sie sich nicht mit Details auf

Setzen Sie die Dinge ins Verhältnis. Ist es wirklich so wichtig, ob Ihr Partner nun findet, dass Sie den Geschirrspüler »falsch« einräumen? Sie können es nicht allen Menschen jederzeit recht machen. Da kann es befreiend sein, andere Menschen einfach denken zu lassen, was sie wollen – sie tun es ohnehin. Akzeptieren Sie es. Machen Sie sich anschließend davon frei!

Kritik austeilen

Kritik einzustecken ist der schwierige Part, nicht wahr? Kritik austeilen ist einfach. *Stimmt nicht.* Jemand anderem auf klare, ruhige und ehrliche Art und Weise Kritik zu vermitteln, ist in den seltensten Fällen einfach.

Manche Menschen kommen ohne Umschweife auf das Problem zu sprechen. Andere halten mit ihrer Kritik hinterm Berg; sie möchten keine Unannehmlichkeiten produzieren; aber wenn so viele Dinge ungesagt bleiben, bauen sich erst recht Ressentiments auf.

Natürlich kann es passieren, dass die andere Person auf Kritik schlecht reagiert, aber das heißt nicht, dass Sie davor zurückschrecken sollten, das zu sagen, was Sie sagen wollen. Wenn Sie sich in dieser Position befinden, sollten Sie zweierlei tun:

1. Fragen Sie sich: Was genau hat die andere Person gesagt oder getan, das für Sie ein Problem ist?
2. Beschließen Sie, welche Veränderung Sie sehen wollen. Was soll der andere als Nächstes tun oder sagen?

Stellen Sie sich beispielsweise vor, Sie ärgern sich über Anya. In der Besprechung heute Morgen hat sie sich darüber lustig gemacht, dass Fred nur mit großer Mühe erklären konnte, wie er sich die Implementierung der neuen Strategie vorstellt.

Warum wollen Sie Anya kritisieren? Welche Absicht verfolgen Sie damit? Wollen Sie es nur mal aussprechen, damit Sie sich besser fühlen? Wollen Sie Anya genauso treffen, wie sie Fred getroffen hat? Oder möchten Sie konstruktiver vorgehen, indem Sie ihr deutlich machen, wie sehr sie Fred verletzt hat, und dass es vielleicht eine gute Idee wäre, sich bei ihm zu entschuldigen?

Ein altes arabisches Sprichwort rät uns, zuerst drei Tore zu passieren, bevor wir den Mund aufmachen: Ist es notwendig? Ist es freundlich? Trifft es zu?

Ihre Kritik sollte zumindest durch zwei dieser drei Tore kommen. Vielleicht stimmt es ja, dass Anya eine egoistische Ziege ist, aber ihr das an den Kopf zu werfen, ist weder notwendig noch nett.

Die folgenden Tipps können Ihnen helfen, unbeschadet durch alle drei Tore zu kommen und sicherzustellen, dass Sie im Fall eines Falles Ihre Kritik auf freundliche und aufrichtige Art und Weise äußern können.

1. Wählen Sie Zeitpunkt und Ort sorgfältig aus

Müssen Sie sofort etwas sagen oder kann es warten, bis die andere Person vermutlich eher bereit ist, wirklich zuzuhören? Suchen Sie sich, wenn möglich, einen passenden Zeitpunkt und einen geeigneten Ort aus. Auch wenn es das Beste ist, etwas gleich zu sagen, könnte es dennoch unpassend sein – besonders wenn Dritte anwesend sind. Äußern Sie Ihre Kritik direkt und möglichst von Angesicht zu Angesicht. Aber niemals auf Facebook! Befolgen Sie die Regeln des Anstands.

Auch wenn Sie vielleicht auf den richtigen Zeitpunkt und den passenden Ort warten müssen, sollten Sie die Dinge nicht so lange aufschieben, bis unter Umständen alles noch schlimmer wird. Klären Sie die Situation so bald wie möglich. Wenn Sie das Verhalten Ihres Gegenübers ignorieren, schaden Sie am Ende Ihnen beiden.

2. Konzentrieren Sie sich auf eine Sache

Wenn es mehr als ein Thema zu besprechen gibt, sollten Sie sich dennoch stets auf ein Problem zur gleichen Zeit beschränken und mit der Klärung der wichtigsten Frage beginnen.

Bleiben Sie bei der Gegenwart. Verzichten Sie darauf, Fehler aus der Vergangenheit erneut anzusprechen, und lassen Sie sich durch die andere Person auch nicht vom aktuellen Thema abbringen.

3. Konzentrieren Sie sich auf die Handlung und nicht auf den Menschen

Das ist nicht die geeignete Situation, um jeden Fehler und jede Charakterschwäche der anderen Person aus den letzten zwei Jahren unter die Lupe zu nehmen. Konzentrieren Sie sich auf Ihr konkretes Anliegen und fassen Sie sich kurz – machen Sie frühzeitig einen Punkt, nachdem Sie das Wesentliche gesagt haben.

4. Beschuldigen und urteilen Sie nicht

Sagen Sie dem anderen nicht: »*Du* tust dies und *du* tust das.« »Du«-Botschaften etikettieren die andere Person immer negativ. Verwenden Sie stattdessen »Ich«-Botschaften. Anstatt also Ihrer Freundin zu sagen: »Du musst aufhören, über Leute zu lachen, wenn sie einen Fehler machen«, sagen Sie: »Es gefiel mir nicht, wie du über Fred gelacht hast, als er einen Fehler machte.«

5. Erzählen Sie dem anderen, wie Sie sich fühlen

Sind Sie eifersüchtig, aufgebracht oder verärgert? Sagen Sie es. Scheuen Sie sich nicht, Ihrem Gegenüber zu sagen, wie Sie sich fühlen: »Ich war verärgert / peinlich berührt / wütend, als ...«

6. Hören Sie zu, wenn der andere antwortet

Hören Sie achtsam zu. Fallen Sie der anderen Person nicht ins Wort. Möglicherweise kann sie Ihnen etwas mitteilen, was Sie nicht wussten und was Ihre Sicht der Dinge verändert. Vergewissern Sie sich, indem Sie wiederholen, was der andere gesagt hat: »Habe ich dich richtig verstanden? Du sagst, dass ...«

7. Beschließen Sie Ihren nächsten Schritt

Wie werden Sie reagieren, falls die andere Person nicht das tut, was Sie wollen? Dabei muss es nicht unbedingt um eine Drohung oder eine Strafe gehen. Aber Sie sollten wissen, wie Sie weiter verfahren wollen. Sie haben die Wahl: Entweder bestehen Sie auf Ihrer Forderung und entscheiden, was geschehen soll, wenn diese nicht erfüllt wird. Oder Sie verhandeln und lassen sich auf einen Kompromiss ein. Die dritte Möglichkeit: Sie begnügen sich damit, dass Sie Ihre Meinung zum Ausdruck gebracht haben, akzeptieren, dass Ihr Gegenüber anderer Meinung ist, und lassen die Sache auf sich beruhen.

Achtsames Vergeben

> »Indem wir vergeben, ändern wir nicht die Vergangenheit,
> aber wir erweitern die Zukunft.«
> Paul Boese

Hat sich schon mal jemand – absichtlich oder unabsichtlich – vorgedrängelt, als Sie an der Kinokasse oder im Supermarkt Schlange standen? Hat schon mal jemand Rotwein über Ihr Sofa geschüttet? Sind Sie schon einmal in den Kiosk nebenan gegangen, nur um dort festzustellen, dass Zeitung oder Milch ausverkauft waren?

Konnten Sie vergeben und vergessen? Höchstwahrscheinlich!

Kleinere Ärgernisse wie die geschilderten lassen sich leicht vergeben und vergessen. Aber wie steht es mit schwerwiegenderen Fällen? Was ist, wenn Ihr Partner eine Affäre hat, Sie auf unfaire Art gefeuert wurden oder sich durch Fremdverschulden eine Verletzung zugezogen haben? Es kostet unter Umständen viel Mühe, das Geschehene zu akzeptieren und den Menschen zu vergeben, die in die Sache involviert waren.

Vergeben heißt, sich von der Verbitterung, der Frustration oder der Wut frei zu machen, die Sie nach einem solchen Vorfall verspüren. Es bedeutet, dass Sie nicht länger auf Strafe, Rache oder Kompensation pochen.

Wenn Sie den Punkt erreicht haben, an dem Sie all das hinter sich lassen und mit Ihrem Leben fortfahren wollen, kann Achtsamkeit Ihnen helfen, indem Sie die folgenden vier Schritte befolgen.

1. Machen Sie sich bewusst, wie und was Sie fühlen

Beginnen Sie damit, dass Sie sich Ihrer Gefühle bewusst werden. Sind Sie wütend, empört oder enttäuscht? Eifersüchtig oder frustriert? Alles zusammen? Das ist okay. Erlauben Sie sich, die Emotionen zu empfinden, und verarbeiten Sie sie. Je weniger Sie sich dagegen wehren, was sich emotional in Ihrem Inneren abspielt, desto eher haben Sie die Chance, mit der Situation achtsam umzugehen.

Versuchen Sie, Ihre Gefühle gegenüber dem eigentlichen Vorfall und Ihre Gefühle in Bezug auf den Verursacher auseinanderzuhalten. Vermutlich sind Sie wütend und verärgert über das, was geschehen ist. Vielleicht haben Sie sogar das Gefühl, Sie hätten es verhindern können.

Vielleicht fällt Ihnen das Vergeben schwer, weil Sie leiden und deshalb möchten, dass der »Schuldige« ebenfalls leidet, indem er bestraft wird. Oder Sie weigern sich zu vergeben, weil Sie fürchten, sich dadurch erneut verwundbar zu machen. Sie wollen sich schützen und die Kontrolle über die Situation erlangen.

Machen Sie sich jedoch eines klar: Auch dann, wenn Sie nicht vergeben, können Sie nicht sicher sein, dass Sie nicht erneut verletzt werden. Und eine Vergebung bedeutet nicht notwendigerweise, dass es wieder geschieht.

2. Geben Sie sich selbst die Erlaubnis, loszulassen

Vielleicht hilft Ihnen der Gedanke, dass Sie, solange Sie nicht vergeben, weiter an die andere Person und das, was vorgefallen ist, gebunden sind. Indem Sie vergeben, machen Sie sich von dem anderen, dem Geschehenen und dem damit verbundenen Leid frei. Wenn Sie darauf verzichten, den Verursacher bestrafen zu wollen, können Sie in Ihrem Leben vorwärtsgehen.

> »Loslassen ist die natürliche Befreiung, die stets auf die Einsicht folgt, dass ein Festhalten lediglich Energie kostet und wehtut.«
> *Larry James*

Vergeben heißt nicht klein beigeben. Solange die andere Person sich nicht entschuldigt oder ihre Entschuldigung mit erneuten Angriffen verbindet, kann niemand von Ihnen verlangen, ihr zu vertrauen. Natürlich bringt es nichts, wenn Sie sich wegen eines solchen Verhaltens selbst quälen, aber das heißt nicht, dass Sie sich in Zukunft etwas Ähnliches noch einmal gefallen lassen müssen.

3. Akzeptieren Sie das, was geschehen ist

Vergebung wird erst durch Akzeptanz möglich. Wir können das Geschehene nicht ungeschehen machen. Es ist, wie es ist. Aber wie viele Male am Tag denken Sie über diese Verletzung nach? Wie viele Male haben Sie die Geschichte Ihres erlittenen Unrechts schon zum Besten gegeben? Jedes Mal wenn Sie daran denken oder die Geschichte jemandem erzählen, sind Sie zurück in der Vergangenheit.

Wenn Sie an Ihrer Verbitterung festhalten, bleiben Sie in der Vergangenheit, einem Ort, auf den Sie keinen Einfluss haben. Wenn Sie das, was geschehen ist – in der Vergangenheit geschehen ist –, akzeptieren, sind Sie auf dem besten Wege zur Vergebung.

In einem Interview mit dem *Time Magazine*[9] wurde Yoko Ono 30 Jahre nach der Ermordung ihres Mannes gefragt: »Können Sie Johns Mörder Mark Chapman vergeben?« Und sie erwiderte: »Bislang habe ich es noch nicht geschafft, ihm zu vergeben. Aber ich denke nicht mehr ständig über ihn nach. Das ist gut.«

Gewiss, die andere Person ist verantwortlich für ihre Taten. Möglicherweise verdient sie es nicht, dass ihr vergeben wird, wenn man bedenkt, was Sie deswegen zu leiden hatten. Aber *Sie* verdienen es, von dieser Negativität freizukommen. Die Vergebung ist für Sie und nicht für den anderen.

Machen Sie sich klar, dass der Hass, die Wut oder die Bitterkeit, die Sie gegenüber der anderen Person empfinden, diese wenig oder gar nicht tangiert. Vermutlich lebt sie ihr Leben einfach so weiter wie bisher.

> **»Groll ist so, als würde man Gift trinken und dann darauf hoffen, dass es den Feind umbringt.«**
> *Nelson Mandela*

4. Lernen Sie aus dem, was geschehen ist, und dann ziehen Sie weiter

Indem Sie sich frei machen von dem, was Sie ohnehin nicht ändern können, können Sie in die Gegenwart zurückkehren und den Blick nach vorn statt zurückwenden. Öffnen Sie sich für neue Möglichkeiten.

Denken Sie an die positiven Dinge, die sich aus dem Geschehen ergeben haben. Sie haben sich lange genug mit den schlechten und schmerzenden

---

9 W. Boston, »Q&A Yoko Ono«, Time Entertainment, 10. September 2010, http://www. time.com/time/arts/article/0,8599,2017363,00.html

Aspekten abgegeben. Konzentrieren Sie sich jetzt auf die positive Seite. Das ist der Schlüssel zur Verarbeitung dessen, was geschehen ist.

Denken Sie beispielsweise an jemanden zurück, der Ihnen geholfen und Sie unterstützt hat. Konzentrieren Sie Ihre Gedanken auf die Freundlichkeit und Selbstlosigkeit dieser Person. Indem Sie Ihre Gedanken auf die positiven Aspekte des Vorfalls lenken, vermeiden Sie, dass Wut, Bitterkeit und innerer Groll weiterhin Ihr Denken bestimmen.

Gehen Sie freundlich mit sich selbst um. Gönnen Sie sich *Zeit* zur Heilung. Loslassen, Akzeptieren und Vergeben sind alle Teil eines Prozesses. Manchmal geht das Vergeben rasch und leicht. Ein andermal und unter anderen Umständen stellen Sie vielleicht fest, dass Heilung und Vergebung Monate oder sogar Jahre brauchen.

> **»Loslassen ist eine Reise, die niemals endet.«**
> *Larry James*

Beim Vergeben ist es häufig nicht mit einem Mal getan. Manchmal überkommt uns die Erinnerung an etwas, was wir längst vergeben und vergessen glaubten. Jene Gefühle, die wir hatten, als sich die Dinge ereigneten, sind plötzlich wieder da. Das ist okay. Das heißt nicht, dass unsere Bemühungen, zu vergeben, verschwendete Zeit waren. Es heißt einfach, dass eine schmerzvolle Erinnerung wieder an die Oberfläche gedrungen ist.

Wenn eine solche Erinnerung Sie heimsucht, hilft es, Ihre Gefühle zur Kenntnis zu nehmen und zu akzeptieren – und sich beispielsweise damit einen sicheren Halt zu verschaffen, dass Sie achtsam atmen.

Überzeugungskraft durch Achtsamkeit

Menschen, die achtsam sind, wenn sie andere motivieren, überzeugen und beeinflussen, können in der Regel effektiver zuhören, Beziehungen zu anderen aufbauen und sie für gemeinsame Ziele begeistern. Sie wissen, dass man Menschen am ehesten für die eigenen Anliegen gewinnt, wenn man seine Wünsche sehr klar formuliert. Es kommt außerdem auf den richtigen Zeitpunkt an, um mit der anderen Person zu sprechen, ihr die eigenen Ideen als eine attraktive Zukunftschance zu präsentieren, dann mit ihr zu verhandeln und zu einer Übereinkunft zu kommen.

Ob Sie Ihren Partner überreden möchten, das Abendessen zuzubereiten, oder einen Kollegen, sich an einem Fundraising zu beteiligen – stets gibt es achtsame Möglichkeiten, dies zu tun.

Formulieren Sie eine ungewöhnliche Bitte

Elaine wollte ihre Kollegen für die Teilnahme an einer Fundraising-Veranstaltung gewinnen. Sie schlug einen Sponsorenlauf vor, aber bis auf ein oder zwei zeigte niemand Interesse. Die Übrigen nahmen von Elaines Vorschlag kaum Notiz.

Eine ganz andere Reaktion bekam sie, als sie ein »Indian Bingo« als Fundraising-Instrument ins Spiel brachte. Ihre Kollegen waren neugierig: Was genau war ein »Indian Bingo«?

Studien belegen, dass Menschen, die man etwas Typisches, Normales oder Routinemäßiges fragt, eher achtlos reagieren, ganz gleich, ob sie einverstanden sind oder nicht.

Eine US-Studie von Santos et al. aus dem Jahr 1994[10] zeigt, dass sich Menschen leichter überzeugen lassen, wenn ihre Aufmerksamkeit durch eine *ungewöhnliche* Bitte geweckt wird.

---

10 M. D. Santos, C. Leve und A. R. Pratkanis, »Hey Buddy, can you spare seventeen cents? Mindful persuasion and the pique technique«, *Journal of Applied Social Psychology*, 1994, Bd. 24, Nr. 9, S. 755–847

Passanten wurden von einer Person mit einer ungewöhnlichen Bitte – »Hätten Sie vielleicht 17 US-Cent (oder 37 US-Cent) für mich?« – oder einer typischen Bitte – »Hätten Sie vielleicht einen Quarter (oder ein wenig Kleingeld) für mich?« – angesprochen. Diejenigen, die mit der ungewöhnlichen Bitte konfrontiert wurden, waren mit um 60 Prozent höherer Wahrscheinlichkeit bereit, Geld zu geben, als diejenigen, die die typische Bitte erhielten. Die seltsame Anfrage verstärkte das Interesse, wie die Zahl der verbalen Rückfragen belegte.

Wenn Sie also jemanden zu etwas überreden oder ihn motivieren wollen, fragen Sie sich am besten, was Sie bereits über die andere Person wissen – und was davon Ihnen dabei helfen könnte, ihr Interesse zu wecken. Womit könnten Sie sie neugierig machen?

Verlassen Sie sich dabei ganz auf das, was Sie aus der Vergangenheit über die Person wissen? Statt auf die üblichen Überredungs- und Motivationstechniken zu setzen, könnten Sie nun einen neuen Ansatz versuchen. Bedenken Sie, dass aus Achtlosigkeit Achtsamkeit wird, sobald die Aufmerksamkeit sich erhöht.

Fragen Sie sich, was Sie über die Interessen und Ziele der Person wissen. Was könnte ihre Aufmerksamkeit wecken? Und achten Sie auf einen geeigneten Zeitpunkt. Sie sollten den anderen dann überzeugen, wenn seine Antwortbereitschaft am größten ist, und nicht, wenn er müde, gestresst oder abgelenkt ist.

Ob Ihre Bitte eine typische oder eine ungewöhnliche ist – Sie sollten auf jeden Fall genau wissen, wovon Sie die andere Person überzeugen wollen. Beschränken Sie sich. Formulieren Sie Ihre Bitte so verständlich und einfach wie möglich und machen Sie nicht zu viele Worte, damit Ihre Botschaft nicht darin untergeht.

Wenn Sie jemanden überreden wollen, etwas zu tun, sollten Sie ihm sagen, welchen Nutzen er selbst davon hat. Seien Sie ehrlich und aufrichtig. Sie könnten beispielsweise sagen: »Wenn du heute das Abendessen zubereitest, könnte ich diese Arbeit beenden und anschließend die Kinder ins

Bett bringen. Dann bleibt uns genug Zeit, um uns diese DVD anzuschauen.« Überredung funktioniert am besten, wenn sie als Vorschlag und nicht als Forderung daherkommt.

Hören Sie dem anderen zu und nehmen Sie ihn ernst

Hören Sie zu, was die andere Person erwidert. Seien Sie ein guter Zuhörer und lassen Sie sich auf die Sichtweise Ihres Gegenübers ein. Menschen sind sehr viel kooperationsbereiter, wenn sie das Gefühl haben, dass man sie ernst nimmt, versteht und wertschätzt.

Stellen Sie Fragen. Welche Sorgen drücken die andere Person? Nehmen Sie diese Bedürfnisse und Sorgen ernst und gehen Sie darauf ein. Verwenden Sie positive Formulierungen. Sagen Sie nicht: »Hier irrst du dich«, sondern: »Ich verstehe, dass du so denkst / fühlst, aber ...« Oder: »Ich stimme dir in dem, was du sagst, zu. ... Aber hast du bedacht ...«

Lassen Sie sich gegebenenfalls auf einen *Kompromiss* ein, aber rechnen Sie auch mit dem Fall, dass die andere Person nicht bereit ist, sich Ihrem Standpunkt anzunähern. Lassen Sie los – bestehen Sie nicht darauf, den anderen zu überzeugen, sondern formulieren Sie stattdessen einen Plan B!

Auf den Punkt gebracht

- Hören Sie immer so zu, *als ob* Sie Ihrem Gegenüber das Gehörte im Anschluss spiegeln möchten. Sie müssen nicht unbedingt wiederholen, was die andere Person gesagt hat. Hören Sie einfach so zu, als wollten Sie es tun.

- Wenn Sie der Adressat einer Kritik sind, sollten Sie sich nicht gleich auf die Hinterbeine stellen, sondern lernen, die anfängliche emotionale Reaktion auszuhalten.

- Verwenden Sie achtsame Zuhörtechniken. Widerstehen Sie der Versuchung, dem anderen ins Wort zu fallen, um sich zu verteidigen. Hören Sie zu, denken Sie nach und klären Sie, ob Sie die andere Person richtig verstanden haben. Antworten Sie erst danach.

- Wenn Sie Kritik *austeilen*, sollten Sie sich stets auf ein Problem beschränken. Bleiben Sie in der Gegenwart. Wärmen Sie keine Probleme aus der Vergangenheit auf und lassen Sie sich nicht in andere Themen hineinziehen.

- Wenn Sie die Situation klären können, ist alles gut. Wenn nicht, sollten Sie lernen, einen Schlussstrich zu ziehen und entweder Zustimmung oder Ablehnung zu signalisieren.

- Vergeben und vergessen Sie. Ziehen Sie aus dem Vorgefallenen die nötigen Lehren und gehen Sie zur Tagesordnung über. Dazu gehört, dass Sie loslassen, akzeptieren und vergeben.

- Um andere zu überzeugen oder zu etwas zu überreden, müssen Sie genau wissen, was Sie wollen, einen geeigneten Zeitpunkt wählen und Ihren Vorschlag als attraktiven Weg in die Zukunft präsentieren.

- In allen Situationen sollten Sie wissen, wann Sie verhandeln und wann Sie sich auf einen Kompromiss einlassen sollten.

9 Achtsamkeit im Beruf: Bewerbungs-gespräche, Präsentationen und Besprechungen

»Wie läuft's bei der Arbeit?« Bei vielen Menschen lautet die typische Antwort: »Stressig. Meine Chefin ist der Albtraum – sie beruft eine Sitzung nach der anderen ein, ohne jemals wirklich eine Entscheidung zu treffen. Ich muss morgen eine Präsentation halten, vor der ich großen Bammel habe. Ich schaue mich nach anderen Jobs um. Nächste Woche habe ich ein Bewerbungsgespräch, das mich schon jetzt nervös macht.«

Druck und Verantwortung im Beruf führen häufig dazu, dass uns ein Strom negativer Gedanken und Gefühle mit sich fortreißt. Wenn das geschieht, fällt es uns schwer, geradeaus zu denken, unseren Job gut zu machen und ihn zu genießen.

Achtsamkeit kann da helfen. Sie kann uns helfen, mit beiden Beinen auf dem Boden zu bleiben und unsere Balance zu wahren, indem wir uns von dem Geschehen um uns herum weniger beeinflussen lassen. Wir können uns dann besser konzentrieren und in angenehmen wie in unangenehmen beruflichen Situationen auf ruhige Art und Weise präsent sein.

Wir haben dann die Möglichkeit, flexibler zu denken und uns von eingefahrenen Arbeitsmethoden zu lösen. Wir können ein stärkeres Selbstvertrauen entwickeln und unsere Fähigkeiten in einem positiven Licht sehen.

Eine achtsame Herangehensweise hilft uns, mit anderen effektiver zusammenzuarbeiten. Wir sind dann empfänglicher für die Bedürfnisse und Gefühle anderer Menschen und in der Lage, ihre Ideen und Vorschläge aus ihrer Perspektive heraus zu verstehen.

Achtsamkeit im Beruf ist kein Garant dafür, dass es nicht zu Konflikten oder schwierigen Situationen kommt. Aber wenn Probleme auftauchen, kann ein achtsamer Ansatz helfen, schwierige und stressige Situationen mit mehr Selbstvertrauen und Leichtigkeit zu meistern. Wir sind dann eher bereit, andere Menschen und die Unterschiede zwischen ihnen und uns zu akzeptieren.

In diesem Kapitel wollen wir konkrete Situationen betrachten – Bewerbungsgespräche, Präsentationen und Besprechungen – und erläutern, wie wir sie achtsam meistern können.

Achtsamkeit in Bewerbungsgesprächen

Zu einem Bewerbungsgespräch eingeladen zu werden, ist an und für sich schon eine Errungenschaft; nicht jeder, der sich für denselben Job beworben hat, hat es so weit geschafft. Aber für viele Menschen wird aus der Freude über die Einladung rasch Sorge und Angst. Gedanken wie »Womöglich verstehe ich nicht, was sie mich fragen« oder »Ich werde zu schnell sprechen« gehen den Bewerbern oft durch den Kopf.

Am Tag des Gesprächs erscheinen sie dann mit trockenem Mund und schwitzenden Handflächen und sie können ihr Herz laut schlagen hören.

So weit braucht es nicht zu kommen!

1. Lassen Sie frühere Bewerbungsgespräche hinter sich

Denken Sie nicht an Gespräche zurück, die weniger gut verlaufen sind. Das waren andere Jobs und andere Gesprächspartner. Wenn Sie aus dem letzten Gespräch etwas Nützliches mitgenommen haben, dann ist das okay. Lassen Sie es ansonsten hinter sich, öffnen Sie sich für neue Möglichkeiten und konzentrieren Sie sich auf das Gespräch, das jetzt stattfindet.

2. Bereiten Sie sich vor

Es schadet sicherlich nicht, der Empfehlung zu folgen und sich inhaltlich auf das Gespräch vorzubereiten. Informieren Sie sich über die Angebote, Märkte und Wettbewerber des Unternehmens, bei dem Sie sich vorstellen. Überlegen Sie, was Sie anziehen wollen, und bringen Sie in Erfahrung, wo das Gespräch stattfinden wird und wie Sie dorthin kommen. Planen Sie ausreichend Pufferzeit ein, falls Sie unterwegs aufgehalten werden.

Am Tag vor dem Gespräch lesen Sie am besten noch einmal Ihr Bewerbungsschreiben durch. Einige Fragen, die man Ihnen stellen wird, werden sich auf Ihre dort gemachten Angaben beziehen. Sie müssen also wissen, was Sie geschrieben haben! Eine gute Vorbereitung hilft, die Spannung zu reduzieren, die das Unbekannte mit sich bringt, und Sie zuversichtlicher zu stimmen.

3. Planen Sie Entspannung ein

Am Abend vor dem Bewerbungsgespräch tun Sie am besten etwas, was Sie interessiert und vollkommen in Anspruch nimmt. Sehen Sie sich einen Film an, treffen Sie sich mit Freunden – tun Sie etwas, was Ihnen Freude macht und Ihre Aufmerksamkeit fesselt, damit Sorgen wegen des bevorstehenden Gesprächs nicht so leicht den Weg in Ihren Kopf finden.

4. Atmen Sie

Unmittelbar vor dem Gespräch, wenn Sie darauf warten, hereingebeten zu werden, sollten Sie sich beruhigen. Atmen Sie! Verwenden Sie eine der Atemtechniken aus Kapitel 4.

Sie könnten auch Folgendes versuchen: Stellen Sie sich ein Lächeln auf dem Gesicht von jemandem vor, den Sie lieben – wenn es Ihnen hilft, können Sie sich zu diesem Zweck ein Foto dieser Person einstecken, das Sie dann betrachten. Antworten Sie Ihrerseits mit einem Lächeln und schon sehen Sie ruhiger und entspannter aus, wenn Sie zum Gespräch erscheinen.

5. Hören Sie zu

Lassen Sie sich von Ihren Gedanken nicht davon abhalten, aufmerksam zuzuhören. Warten Sie, bis Ihr Gesprächspartner seine Frage zu Ende formuliert hat, und antworten Sie erst *dann*. Wenn Sie eine Minute zum Überlegen benötigen, sagen Sie es. Wenn Sie unsicher sind, was Ihr Gegenüber mit seiner Frage gemeint hat, sagen Sie es. Damit zeigen Sie, dass Sie genug Selbstvertrauen besitzen, um auch im Job, wenn es nötig ist, innezuhalten und nachzudenken oder klärende Fragen zu stellen. Wenn Sie die Antwort auf eine Frage nicht wissen, sagen Sie es. Erzählen Sie keine Märchen.

Beantworten Sie die Fragen mit zuversichtlicher, fester Stimme. Nuscheln Sie nicht und reden Sie nicht zu schnell.

6. Lassen Sie los

Verbringen Sie den Rest des Tages nach dem Gespräch nicht damit, immer wieder an die Dinge zu denken, die Sie gern gesagt oder nicht gesagt hätten. Nehmen Sie sich stattdessen etwas vor, was Ihnen Freude macht: Treffen Sie sich beispielsweise mit Freunden zum Essen oder spielen Sie eine Runde Tennis.

Bitten Sie um Feedback, ganz gleich, ob Sie den Job am Ende bekommen oder nicht. Ehrliches Feedback hilft Ihnen, Ihr Auftreten zu verbessern und sich mit den Bereichen zu beschäftigen, in denen Sie Ihre Gesprächspartner nicht überzeugt haben. Auf diese Weise schauen Sie nach vorn und bereiten sich auf Ihr nächstes Bewerbungsgespräch vor.

Überzeugender präsentieren durch Achtsamkeit

Lässt der Gedanke, vor einer größeren Menschengruppe sprechen zu müssen, Ihre Knie schwach werden? Viele Menschen haben große Angst vor öffentlichen Auftritten – sei es bei gesellschaftlichen Anlässen oder geschäftlichen Präsentationen. Sie denken zum Beispiel:

»Ich werde mit Sicherheit irgendetwas Wichtiges vergessen«, »Ich werde zu schnell oder zu undeutlich sprechen«, »Alle wissen, wie nervös ich immer bin«, »Ich werde schon beim Anblick der Gesichter wissen, wie sehr sie sich langweilen«.

Indem Sie sich von solchen Bildern und Gefühlen vereinnahmen lassen, die Ihnen Angst machen, untergraben Sie Ihr Selbstvertrauen. Und dabei haben Sie Selbstvertrauen besonders nötig; Sie müssen überzeugt sein, dass Sie es können.

1. Bereiten Sie sich besser vor

Selbstverständlich sollten Sie sich vorher zurechtlegen, was Sie sagen wollen und in welcher Reihenfolge.

Wenn Sie sich in Ihrem Thema gut auskennen, ist die Hälfte schon geschafft. Warum? Wenn Sie wissen, *was* Sie sagen wollen, können Sie sich während des Vortrags ganz darauf konzentrieren, *wie* Sie es sagen. Es geht darum, das Interesse der Zuhörer wach zu halten, anstatt im Kopf hin und her zu springen, aus Sorge, am Ende irgendetwas zu vergessen.

Entscheiden Sie zuerst, wie die wesentliche Botschaft Ihres Vortrags lauten soll, und beschließen Sie anschließend, über welche Punkte Sie in der Hauptsache sprechen wollen.

Proben Sie Ihren Vortrag – für sich selbst und dann vor einem Freund oder Kollegen. Bitten Sie um ehrliches Feedback: Was ist gut und was könnte noch besser werden?

Genauso wichtig wie der Probedurchlauf ist, wie Sie damit gedanklich umgehen. Wenn Sie einen Fehler machen – beispielsweise einen wichtigen Punkt auslassen –, hilft es wenig zu denken: »Oh, das war schrecklich, ich werde diese Präsentation niemals richtig hinbekommen.« Überlegen Sie stattdessen lieber, wie Sie das Problem umgehen.

2. Atmen Sie

Die schrecklichsten Momente einer Präsentation sind die Minuten, bevor Sie die Bühne betreten. Quälen Sie sich nicht mit destruktiven Gedanken. Setzen Sie stattdessen auf das Mittel des positiven Selbstgesprächs: »Ich kann das. Alles wird gut.« Atmen Sie. Verwenden Sie Atemtechniken, die sich für Sie bewährt haben.

Lesen Sie niemals ab. Vielleicht würde Ihnen das helfen, Stockungen und Abschweifungen zu vermeiden, aber es ist schwer, eine gute Kommunikation zum Publikum aufzubauen, solange Sie an einem Stück Papier kleben! Sie brauchen Ihre Ansprache oder Ihre Präsentation auch nicht Wort für Wort auswendig zu lernen. Die echten Profis notieren sich lediglich die wichtigsten Punkte, Themenstichworte und Beispiele auf kleinen Kärtchen.

Wenn Sie PowerPoint-Folien einsetzen, können Sie sie anstelle von Stichwortkärtchen und als Orientierungshilfe für das Publikum verwenden. Allzu leicht arten Präsentationen und Ansprachen jedoch in langweilige Monologe mit endlosen PowerPoint-Folien aus. Solange Sie einen Monolog halten und alle Anwesenden stumm auf Sie und / oder die Leinwand starren, liegt die alleinige Verantwortung für die Information und Unterhaltung des Publikums bei Ihnen.

3. Beziehen Sie das Publikum aktiv mit ein

Beteiligen Sie die Zuhörer – stellen Sie Fragen und beziehen Sie sie auf andere Weise mit ein. So verhindern Sie, dass Ihre Zuhörer mit ihren Gedanken abschweifen und den Faden verlieren. Auf diese Weise verleihen Sie Ihrer Präsentation zusätzlich Struktur; Sie bleiben in der Gegenwart und sind weniger in Gefahr, zu rasch voranzugehen. Sie erhalten so auch Zeit, um Ihre Gedanken zu ordnen, wenn Sie das Gefühl haben, vom Kurs abzukommen.

Halten Sie das festgelegte Zeitfenster ein, aber hetzen Sie keinesfalls; sprechen Sie langsam genug und machen Sie nach jeder wichtigen Aussage eine Pause. Damit verleihen Sie dem, was Sie sagen, zusätzliches Gewicht. Hören Sie sich an, wie Barack Obama es macht – er beherrscht diese Technik gut.

Befolgen Sie Ihren Plan und weichen Sie nicht davon ab – Sie vertun sonst nur Ihre Zeit, die Ihnen anschließend für Ihre wichtigen Aussagen fehlt. Vermeiden Sie es, zu viel herumzulaufen. Während ein wenig Bewegung hilft, das Publikum wach zu halten, kann zu viel davon ablenkend wirken.

Bitten Sie zum Schluss der Präsentation um Fragen. Hören Sie aufmerksam zu. Wiederholen Sie schwierige Fragen mit einfacheren Worten, ohne ihre Bedeutung zu ändern. Zum Beispiel: »Ich denke, Sie fragen mich zweierlei. Erstens: Sind Selbstbewusstsein und Selbstvertrauen dasselbe? Zweitens: Wenn es einen Unterschied gibt, kann es dann das eine ohne das andere geben? Ist es das, was Sie von mir wissen wollen?«

Besprechungen mit Achtsamkeit interessant gestalten

Wurden Sie gebeten, eine Besprechung zu leiten? Häufig sind Meetings langweilig und ziellos; sie bleiben im Detail stecken oder halten sich mit Nebenthemen auf, die viel Energie kosten und von den entscheidenden Themen ablenken. Solche Besprechungen sind ein Musterbeispiel für Achtlosigkeit!

Ein gutes Meeting ermuntert die Teilnehmer, sich den jeweiligen Positionen und Erfahrungen gegenüber zu öffnen und zügig Entscheidungen zu treffen.

Annie gehörte zu einer Nachbarschaftsgruppe, die Geld für den Kauf eines Veranstaltungsraumes gesammelt hatte. Annie wünschte sich, dass nach der Renovierung des Saales wieder eine Kinderspielgruppe eingerichtet würde. Jo, der die Besprechung leitete, fragte, ob es andere Meinungen dazu gab.

Louise sagte, eine Kinderspielgruppe würde den Raum aus ihrer Sicht tagsüber für andere Verwendungen unbrauchbar machen.

In den zurückliegenden Jahren hätten zudem mehrere Kinderbetreuungsstätten in der Gegend aufgemacht. Vielleicht würde eher etwas anderes gebraucht – beispielsweise eine Eltern-Kleinkind-Gruppe? Annie fiel es anfangs schwer, sich von der Idee der Spielgruppe zu lösen – tatsächlich war der Wunsch, anderen Familien dasselbe zu ermöglichen, was ihrer Familie geholfen hatte, der Hauptgrund gewesen, warum sie sich in der Gruppe engagiert hatte. Aber sie erkannte schon bald, dass ihre Ideen und Gefühle Teil der Vergangenheit waren und dass es besser wäre, sich von ihnen zu lösen und sich der Gegenwart zuzuwenden.

Wie können Sie sicherstellen, dass die nächste Besprechung die Chance bieten wird, Ideen und Meinungen auszutauschen, dass die Beteiligten konstruktiv mit Einwänden umgehen und dass Pläne geschmiedet und Entscheidungen getroffen werden?

Hier sind einige Tipps, wie Sie Meetings mit Achtsamkeit gestalten können.

1. Schicken Sie die Tagesordnung herum

Achten Sie darauf, dass die Tagesordnung den Zweck der Besprechung, die zu besprechenden Themen und die zu treffenden Entscheidungen klar und bündig zum Ausdruck bringt. So gewährleisten Sie, dass jeder weiß, worum es bei dieser Sitzung gehen wird.

2. Erscheinen Sie nicht zu knapp zur Sitzung

Nutzen Sie die Minuten vor der Besprechung, um sich innerlich zu sammeln. Lassen Sie alle anderen Tätigkeiten ruhen und atmen Sie tief durch. Das gibt Ihnen die Gelegenheit, einen Raum der Achtsamkeit zu schaffen. Ablenkungen, die Sie daran hindern könnten, der Sitzung all Ihre Aufmerksamkeit zu widmen – E-Mails, die Sie noch schreiben, und Anrufe, die Sie noch erwidern müssen –, können Sie so beiseiteschieben. Sie könnten zum Beispiel die Aufgabe oder das Thema, das Sie gerade beschäftigt, auf ein Blatt Papier schreiben und dieses dann zur Seite legen. Das ist ein einfacher Trick, um sich von einer Sache zu lösen, bis Sie sich ihr nach dem Ende der Sitzung wieder zuwenden können.

3. Eröffnen Sie die Sitzung mit einem klaren Ziel und verlieren Sie es nicht aus den Augen

Beginnen Sie die Besprechung, indem Sie Zweck und Ziele des Treffens noch einmal in Worte fassen. »Der Zweck dieser Sitzung ist zu entscheiden, ob ... sowie ...« Für manche Besprechungen kann es sinnvoll sein, sich darauf zu verständigen, dass »wir auf der Grundlage dessen entscheiden, was wir bislang wissen, dass wir die Entscheidung aber, falls neue Informationen auftauchen, auch noch verändern und anpassen können«.

Sorgen Sie für eine klare Ausrichtung der Sitzung und vermeiden Sie Diskussionen über Themen ohne klaren Bezug zum erklärten Sitzungszweck. Wenn das Gespräch abzuschweifen droht, können Sie eine »Ablage« definieren, eine sichtbare Fläche, wo andere Themen notiert werden können, um ein andermal darüber zu sprechen.

Verhindern Sie aktiv, dass sich die Dinge in die Länge ziehen. Greifen Sie ein, wenn jemand partout kein Ende findet. Nach einer langen Diskussion, wenn Uneinigkeit besteht oder wenn sich die Gemüter erregen, sollten Sie einen Vorschlag machen, wie weiter verfahren werden soll: »Würde es helfen, wenn ...«, »Wie wäre es, wenn wir ...« oder »Können wir uns zumindest darauf einigen, dass ...«

4. Hören Sie aufmerksam zu

Verwenden Sie die Techniken des achtsamen Zuhörens aus dem vorigen Kapitel. Fragen Sie nach, wenn Sie nicht wissen, ob Sie eine Wortmeldung richtig verstanden haben, indem Sie das Gehörte zuerst mit eigenen Worten wiederholen. Bitten Sie um Beispiele zur Illustration und Untermauerung von Thesen und Ideen.

5. Achten Sie auf Körpersprache und andere Formen der nonverbalen Kommunikation und geben Sie Teilnehmern, die irritiert schauen, die Gelegenheit, Verständnisfragen zu stellen

Fordern Sie die Teilnehmer zu klärenden Fragen auf, aber blocken Sie Fragen ab, die lediglich vom zentralen Thema der Diskussion ablenken.

Fragen Sie die stilleren Teilnehmer nach ihren Antworten, Ideen und Meinungen. Sagen Sie, wenn sich sonst keiner zu Wort meldet: »Ich würde gerne hören, wie ... darüber denkt.«

6. Fassen Sie die Sitzung in klaren Aktionsbeschlüssen zusammen

Sorgen Sie zum Ende der Sitzung dafür, dass jeder weiß, was als Nächstes geschehen wird, wozu sich die einzelnen Teilnehmer verpflichtet haben und wie das angestrebte Ergebnis aussieht. Das achtsame Leiten eines Meetings erhöht die Wahrscheinlichkeit, dass etwas Lohnenswertes dabei herauskommt.

Auf den Punkt gebracht

- Bereiten Sie sich auf Besprechungen, Bewerbungsgespräche und Präsentationen vor. Anstatt sich zu sorgen, sollten Sie sich klarmachen, auf welche möglichen Situationen Sie sich jetzt vorbereiten können.

- Hören Sie aufmerksam zu, wenn andere ihre Fragen, Ideen und Empfehlungen äußern. Verwenden Sie achtsame Zuhörtechniken. Lassen Sie sich von Ihren Gedanken nicht ablenken oder darin beeinflussen, wie gut Sie zuhören. Wenn Sie etwas nicht verstehen, wiederholen Sie am besten das Gehörte in eigenen Worten und bitten um Klarstellung.

- Richten Sie unmittelbar vor dem Bewerbungsgespräch oder der Präsentation positive Worte an sich selbst: »Ich kann das. Alles wird gut.« Atmen Sie. Verwenden Sie Atemtechniken, die sich für Sie bewährt haben.

- Legen Sie Ihre Gedanken und Ideen klar und ruhig dar. Nuscheln Sie nicht und sprechen Sie nicht zu schnell.

- Wenn es nicht so gelaufen ist wie gewünscht, sollten Sie nicht den Rest des Tages ständig darüber nachgrübeln, was Sie besser hätten tun oder lassen sollen. Konzentrieren Sie sich vielmehr auf Dinge, die Sie aus der Situation gelernt haben und die Ihnen beim nächsten Mal helfen können.

Fazit

Zwei Mönche sitzen Seite an Seite und meditieren. Der Jüngere schaut den Älteren fragend an, worauf dieser entgegnet: »Nichts weiter. Das ist es.« Das stimmt. Achtsamkeit bringt uns nirgendwohin. Sie hilft uns lediglich zu erkennen, wo wir bereits sind und dass wir bereits dort sind.

Aufmerksamkeit – die bewusste Wahrnehmung von Gedanken, Erfahrungen und Ereignissen, die in diesem Augenblick stattfinden – ist natürlich eines der Kernprinzipien der Achtsamkeit. Nicht anders verhält es sich mit dem Zur-Kenntnis-Nehmen und Akzeptieren: Wichtig ist zu begreifen, dass die Dinge geschehen (oder nicht geschehen) und dass Gedanken, Gefühle, Handlungen und so weiter eben nur das sind: Gedanken, Gefühle und Handlungen.

Wie Sie in diesem Buch erfahren haben, helfen Ihnen neben Aufmerksamkeit, Wahrnehmung und Akzeptanz noch weitere Aspekte der Achtsamkeit wie Konzentration und Engagement, Geduld und Vertrauen, im Augenblick zu leben.

Hoffentlich haben Sie eine Vielzahl von Ideen und Vorschlägen entdeckt, wie Sie diese Prinzipien und Techniken der Achtsamkeit anwenden können. Dabei gilt es jedoch eines zu betonen: Es spielt keine Rolle, wo Sie beginnen und welche Aspekte der Achtsamkeit Sie anwenden. Wichtig ist allein, dass Sie überhaupt beginnen, einen dieser Aspekte in die Praxis umzusetzen!

Probieren Sie verschiedene Strategien zu verschiedenen Zeiten und in verschiedenen Situationen aus. Entwickeln Sie einen Anfängergeist: Öffnen Sie sich neuen Denk- und Verhaltensweisen. Seien Sie bereit für neue Möglichkeiten in vertrauten Situationen.

Indem Sie Dinge auf neue Weise bemerken oder tun, versetzen Sie sich ins Hier und Jetzt, weil Sie dann bewusster wahrnehmen, was in diesem Augenblick geschieht.

Seien Sie geduldig mit sich selbst. Wer lernen will, achtsamer zu sein, muss Zeit, echte Absicht und Entschlossenheit mitbringen. Vergessen Sie dabei nicht: Achtsamkeit ist das mobile Instrument par excellence – Sie können sie überallhin mitnehmen und zu jeder Zeit anwenden.

Jedes Mal wenn Sie in einer Situation achtsam sind, werden Sie kurzfristig diese unmittelbare Situation ruhig und klar meistern – und Sie werden sich bodenständiger und zentrierter fühlen. Langfristig werden Sie dann jedes Mal, wenn Sie achtsam sind, eine Denk- und Verhaltensweise entwickeln, die für Sie zur Normalität werden wird – zu Ihrer gewohnten Denk- und Verhaltensweise.

Mit der Zeit werden Sie Achtsamkeit automatisch auf Ihre Gedanken, Worte und Verhaltensweisen – mit anderen Worten: auf alles, was Sie tun – anwenden, sodass Achtsamkeit am Ende zum Inbegriff dafür werden wird, wie Sie leben.

Und vergessen Sie nicht: Das Leben entfaltet sich in der Gegenwart. Es wird niemals eine Zeit geben, in der sich Ihr Leben nicht jetzt, in diesem Augenblick abspielt. Der gegenwärtige Augenblick *ist* das Leben!

Danksagung

Ich danke Iain Campbell und Jonathan Shipley für die Möglichkeit, dieses Buch zu schreiben.

Ich danke meiner Lektorin Jenny Ng dafür, dass sie den Wald von den Bäumen zu unterscheiden vermochte und alles zusammengehalten hat.

Register

Über die Autorin

 Gill Hasson ist Lehrerin, Trainerin und Autorin. Sie blickt auf 20 Jahre Erfahrung im Bereich der persönlichen Entwicklung zurück. Ihr fachlicher Schwerpunkt umfasst die Themen Selbstbewusstsein und Selbstvertrauen, Kommunikationsfähigkeit, Durchsetzungskraft und Widerstandsfähigkeit (Resilienz).

Sie bietet Unterricht und Training in Bildungseinrichtungen, gemeinnützigen und Wirtschaftsorganisationen und im öffentlichen Bereich an.

Zu ihren Veröffentlichungen zählen Bücher über die Themen Widerstandsfähigkeit, Kommunikationsfähigkeit, Durchsetzungskraft und emotionale Intelligenz.

Gill Hasson möchte mit ihrer Arbeit Menschen dabei unterstützen, ihr Potenzial zu verwirklichen und ihr bestes Leben zu leben.